３年生のふく習　①

月　　日　　名前

1 次の数を読んで，（　）に漢字で書きましょう。　〔1問　3点〕

① 69834527　（　　　　　　　　　　　）

② 28000000　（　　　　　　　　　　　）

③ 10080030　（　　　　　　　　　　　）

2 次の数を（　）に数字で書きましょう。　〔1問　3点〕

① 八千四百十八万　（　　　　　　　　　　　）

② 六百二万五千　（　　　　　　　　　　　）

③ 1万を42と，あと205をあわせた数　（　　　　　　　　　　　）

3 ▭の部分の大きさを，（　）に分数で表しましょう。　〔1問　4点〕

①（　—　）　②（　—　）　③（　—　）　④（　—　）

4 下の数直線の，↓の目もりにあてはまる小数を書きましょう。〔□1つ　4点〕

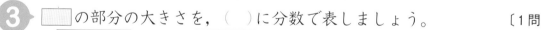

5 □にあてはまる数を書きましょう。　〔1問　4点〕

① 4 km ＝ ▢ m

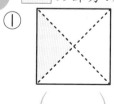

② 3400m ＝ ▢ km ▢ m

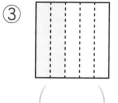

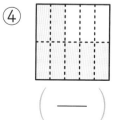

③ 6 km540m ＝ ▢ m　④ 9 km80m ＝ ▢ m

©くもん出版

1

6 はかりのはりがさしている重さを書きましょう。　　　〔1問　4点〕

①

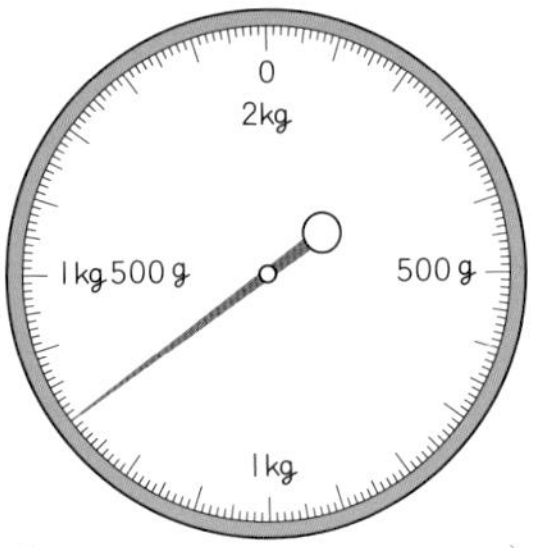

②

③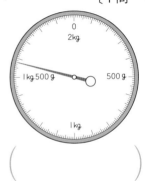

（　　　　　）　　（　　　　　）　　（　　　　　）

7 同じ大きさのボールが，右下の図のようにぴったり箱に入っています。

① このボールの直径は何cmですか。　　　　　　　　〔1問　4点〕

（　　　　　　　　　　）

② このボールの半径は何cmですか。

（　　　　　　　　　　）

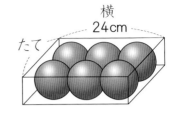

③ この箱のたての長さは何cmですか。

（　　　　　　　　　　）

8 じょうぎとコンパスをつかって，次のような三角形をかきましょう。

〔1問　5点〕

① 3つの辺の長さが，どれも
4 cmの三角形

② 3つの辺の長さが，3 cm，
4 cm，5 cmの三角形

3年生のふく習だよ。まちがえた問題は『3年生
数・りょう・図形』で，もう一度ふく習しておこう。

とく点

点

3年生のふく習 ②

始め

時　　分

終わり

時　　分

むずかしさ
★

月　　日　　名前

---

1 下の数直線で，↓ が表す数を ☐ の中に書きましょう。　〔☐ 1つ　3点〕

①

0　　　　　↓　100000　　　　200000　　　　↓　300000

②

0　　↓　100万　　200万　↓　300万　　400万 ↓　500万　↓ 600万

2 左と右の大きさをくらべて，☐ にあてはまる等号（＝）か不等号（＞，＜）
を書きましょう。　〔1問　3点〕

① $\frac{6}{9}$ ☐ $\frac{7}{9}$　② $\frac{7}{7}$ ☐ $\frac{5}{5}$　③ 1 ☐ $\frac{6}{6}$　④ $\frac{8}{9}$ ☐ 1

3 ☐ にあてはまる数を書きましょう。　〔1問　3点〕

① 2.6は2とあと0.1を ☐ つあわせた数です。

② 6.5は，0.1を ☐ 集めた数です。

③ 0.1を99集めた数は，☐ です。

④ 3と，0.1を4つあわせた数は，☐ です。

4 ☐ にあてはまる数を書きましょう。　〔1問　4点〕

① 2850g ＝ ☐ kg ☐ g　② 16kg ＝ ☐ g

③ 6kg250g ＝ ☐ g　④ 1095g ＝ ☐ kg ☐ g

⑤ 4t ＝ ☐ kg　⑥ 3t850kg ＝ ☐ kg

5 ストップウォッチの長いはりは，60秒（1分）で1回りします。短いはりは，何分すぎたかをさしています。次の図は何分何秒を表していますか。

① ② ③ 〔1問 4点〕

( ) ( ) ( )

6 右の図で，小さい円の半径は12cmです。正方形の1つの辺の長さは何cmですか。 〔4点〕

( )

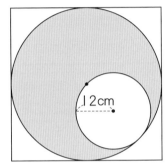

12cm

7 下のグラフの1目もりは，どれだけの大きさを表していますか。（ ）に書きましょう。また，ぼうの長さは，どれだけの数を表していますか。単位をよく見て　に書きましょう。

〔1問 4点〕

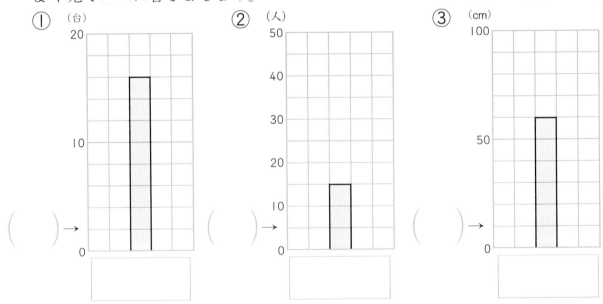

① （台） ② （人） ③ （cm）

( )→ ( )→ ( )→

3年生のふく習だよ。まちがえた問題は『3年生数・りょう・図形』で，もう一度ふく習しておこう。

とく点

点

3 大きな数 ①

始め
時　分
▼
終わり
時　分

むずかしさ
★★

月　日　名前

おぼえておこう

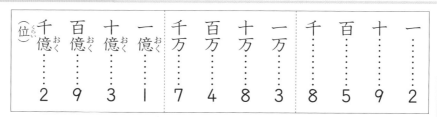

千億（位）	百億	十億	一億	千万	百万	十万	一万	千	百	十	一
2	9	3	1	7	4	8	3	8	5	9	2

（読み方）二千九百三十一億七千四百八十三万八千五百九十二

［千万の10倍を一億という。］

1 「6174830592」について，次の問題に答えましょう。

① 次の位の数字を書きましょう。　　　　　　　　　〔1問　3点〕

㋐ 千の位 （　　　　　　）　　㋑ 一万の位 （　　　　　　）

㋒ 百万の位 （　　　　　　）　　㋓ 一億の位 （　　　　　　）

② 次の数字の位を書きましょう。　　　　　　　　　〔1問　3点〕

㋐ 5 （　　　　　　）　　㋑ 8 （　　　　　　）

㋒ 7 （　　　　　　）　　㋓ 6 （　　　　　　）

③ 数を読んで，漢字で書きましょう。　　　　　　　〔6点〕

（　　　　　　　　　　　　　　　　　　　　　　　）

2 次の数を読んで，漢字で書きましょう。　　　　　〔10点〕

30528504000　（　　　　　　　　　　　　　　　）

3 次の数を数字で書きましょう。　　　　　　　　　〔1問　5点〕

① 四億八千五百二十五万八千五百三十二 （　　　　　　　　　　　）

② 五千八百三十億三千万 （　　　　　　　　　　　）

位 くらい	千兆 ちょう	百兆 ちょう	十兆 ちょう	一兆 ちょう	千億 おく	百億 おく	十億 おく	一億 おく	千万	百万	十万	一万	千	百	十	一
	5	6	0	2	3	4	7	8	0	0	5	2	1	0	0	7

〔千億の10倍を一兆という。〕

（読み方）　五千六百二兆三千四百七十八億五十二万千七

4 「62358218790000」について，次の問題に答えましょう。

① 次の位の数字を書きましょう。　〔1問　3点〕

⑦ 十万の位（　　　　　　）　　　④ 一億の位（　　　　　　）

⑨ 百億の位（　　　　　　）　　　㊤ 一兆の位（　　　　　　）

② 次の数字の位を書きましょう。　〔1問　3点〕

⑦ 6（　　　　　　）　　　④ 3（　　　　　　）

⑨ 9（　　　　　　）　　　㊤ 1（　　　　　　）

③ 数を読んで，漢字で書きましょう。　〔6点〕

（　　　　　　　　　　　　　　　　　　　　）

5 次の数の読み方を漢字で書きましょう。　〔10点〕

452367820000000（　　　　　　　　　　　　　　）

6 次の数を，□□□に数字で書きましょう。　〔1問　5点〕

① 八千二百三十五億三千八百九十八万四千二百六十七　（一の位）

② 二兆二千三百七十四億八千五百四十二万　（一の位）

©くもん出版

右から4けたずつ区切ると読みやすいね。億や兆
の位の大きな数の読み方を，しっかりおぼえよう。

大きな数 ②

むずかしさ
★★

月　日　名前

1 次の数を，□□□に数字で書きましょう。　〔1問　5点〕

① 一万を5つ，千を8つあわせた数　（一の位）

② 一億を9つ，一万を6つあわせた数　（一の位）

③ 一億を3つ，一万を62あわせた数　（一の位）

④ 一億を80，一万を382あわせた数　（一の位）

⑤ 一兆を6つ，一億を52，一万を125あわせた数　（一の位）

⑥ 一兆を34，一億を4200，一万を8000あわせた数　（一の位）

⑦ 一兆を239，一億を2318，一万を4210あわせた数　（一の位）

⑧ 十兆を7つ，一億を7300，千万を2つあわせた数　（一の位）

⑨ 百兆を2つ，百億を3つ，百万を52あわせた数　（一の位）

2 「560億」について，次の問題に答えましょう。

① 100億，10億，1億をいくつずつあわせた数ですか。　〔全部できて10点〕

100億…（　　　　　）　　10億…（　　　　　）　　1億…（　　　　　）

② 1億をいくつ集めた数ですか。　〔5点〕

（　　　　　）

③ 10億をいくつ集めた数ですか。　〔5点〕

（　　　　　）

3 「7580兆」について，次の問題に答えましょう。

① 1000兆，100兆，10兆，1兆をいくつずつあわせた数ですか。

〔全部できて10点〕

1000兆…（　　　　　）　100兆…（　　　　　）　10兆…（　　　　　）　1兆…（　　　　　）

② 1兆をいくつ集めた数ですか。　〔5点〕

（　　　　　）

③ 10兆をいくつ集めた数ですか。　〔5点〕

（　　　　　）

4 「520000000000000」について，次の問題に答えましょう。〔1問　5点〕

① 1000万をいくつ集めた数ですか。（　　　　　）

② 10億をいくつ集めた数ですか。（　　　　　）

③ 1000億をいくつ集めた数ですか。（　　　　　）

0の数に注意して，まちがえた問題は，もう一度やり直してみよう。

とく点

点

大きな数 ③

月　日　名前

1 下の数直線の，□にあてはまる数を書きましょう。〔□1つ　3点〕

①
| 3000万 | | | | 1億 | | | | |

②
| | | | 100億 | | | | |

③
| | | | 1兆 | | | | |

2 「8650000000」について，次の問題に答えましょう。〔1問　全部できて3点〕
① 8650000000より大きい数を，全部○でかこみましょう。

9650000000　　　7650000000　　　68500000000　　　998000000

② 8650000000より大きい数を，全部○でかこみましょう。

8700000000　　8550000000　　8490000000　　8800000000

③ 8650000000より大きい数を，全部○でかこみましょう。

8640000000　　　8660000000　　　86300000000　　　869000000

④ 8650000000より大きい数を，全部○でかこみましょう。

8650010000　　　8649990000　　　8660050000　　　8605000000

3 次の2つの数の大小を調べて，◻にあてはまる等号（＝）か不等号（＞, ＜）を書きましょう。

〔1問　6点〕

① 245850000 ◻ 245980000

② 502000000 ◻ 520000000

③ 3688000000 ◻ 3687000000

④ 4650700000000 ◻ 475070000000

⑤ 675億 ◻ 68億

⑥ 1兆 ◻ 9999億

4 次の各組の数で大きいじゅんに，（　）に1，2，3と番号を書きましょう。

〔1問　5点〕

① ⎡ 12856934, 8854326, 11523579 ⎤
  ⎣ （　）　　（　）　　（　） ⎦

② ⎡ 53843218, 53829167, 53861245 ⎤
  ⎣ （　）　　（　）　　（　） ⎦

③ ⎡ 3億6045万, 4億1010万, 3億5912万 ⎤
  ⎣ （　）　　（　）　　（　） ⎦

④ ⎡ 7兆2300万, 7兆230億, 17兆5000 ⎤
  ⎣ （　）　　（　）　　（　） ⎦

⑤ ⎡ 4263821000, 42638210000, 426382100000 ⎤
  ⎣ （　）　　（　）　　（　） ⎦

まちがえた問題は，もう一度やり直してみよう。

とく点

点

6 大きな数 ④

始め　時　分
終わり　時　分

むずかしさ ★★

1 次の数を，□□□ に数字で書きましょう。　〔1問　全部できて4点〕

① 100000000を10倍した数と100倍した数

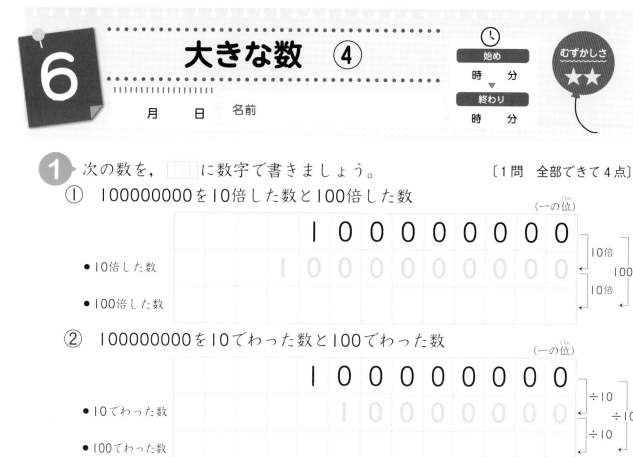

（一の位）

1 0 0 0 0 0 0 0

- 10倍した数　　1 0 0 0 0 0 0 0 0
- 100倍した数

10倍
100倍
10倍

② 100000000を10でわった数と100でわった数

（一の位）

1 0 0 0 0 0 0 0 0

- 10でわった数　1 0 0 0 0 0 0 0
- 100でわった数

÷10
÷100
÷10

③ 320000000を10倍した数と100倍した数

（一の位）

3 2 0 0 0 0 0 0 0

- 10倍した数
- 100倍した数

④ 320000000を10でわった数と100でわった数

（一の位）

3 2 0 0 0 0 0 0 0

- 10でわった数
- 100でわった数

⑤ 4800000000を10倍した数と10でわった数

（一の位）

- 10倍した数

4 8 0 0 0 0 0 0 0 0

- 10でわった数

② 次の数を10倍した数を書きましょう。　　　　　　　　　　　　〔1問　4点〕

① 30億　　　(300億)　　② 400億　　　(　　　　　　　　)

③ 70兆　　　(　　　　　　　)　　④ 5兆　　　(　　　　　　　　)

③ 次の数を10でわった数を書きましょう。　　　　　　　　　　　〔1問　4点〕

① 30億　　　(　　　　　　　)　　② 400億　　　(　　　　　　　　)

③ 70兆　　　(　　　　　　　)　　④ 5兆　　　(　　　　　　　　)

④ 次の数を書きましょう。　　　　　　　　　　　　　　　　　　〔1問　4点〕

① 3億×10　　(　　　　　　　)　　② 3億÷10　　(　　　　　　　　)

③ 90兆×10　　(　　　　　　　)　　④ 90兆÷10　　(　　　　　　　　)

⑤ 「10億」は，次の数の何倍ですか。またはいくつでわったものですか。

〔1問　5点〕

① 1億　　　(　　　　　　　)　　② 1000万　　　(　　　　　　　　)

③ 100億　　　(　　　　　　　)　　④ 1000億　　　(　　　　　　　　)

⑥ 次の数を数字で書きましょう。　　　　　　　　　　　　　　　〔1問　6点〕

① 1億の10倍より10万大きい数　　(　　　　　　　　　　　　　)

② 10兆の10倍より5000万大きい数　(　　　　　　　　　　　　　)

0の数に注意して，まちがえた問題は，もう一度
やり直してみよう。

とく点　　　　　　点

始め

時　　分

▼

終わり

時　　分

むずかしさ

★★

月　　日　　名前

1 ある遊園地の5月4日と5月5日の入場者数は，次のようでした。数直線を見て，入場者数はおよそ何万何千人といえますか。数字で答えましょう。

① （5月4日）　34878人　　　　　　　　　　　　〔1問　2点〕

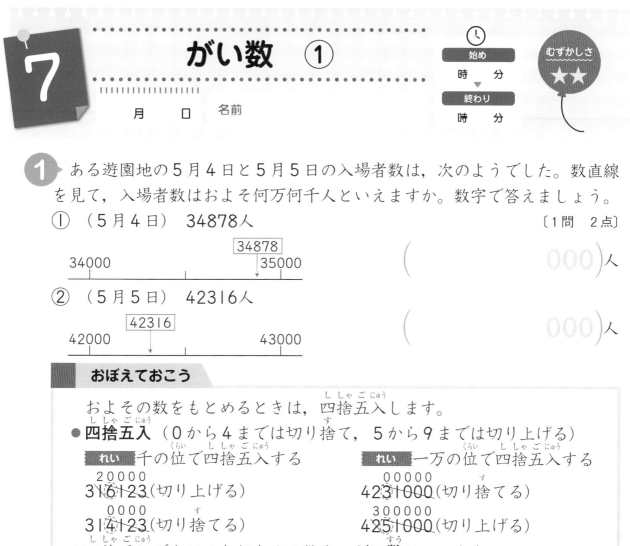

34000　　　　　　　34878　35000

（　　　　　000）人

② （5月5日）　42316人

42000　　42316　　　　　　43000

（　　　　　000）人

おぼえておこう

およその数をもとめるときは，四捨五入します。

● **四捨五入**（0から4までは切り捨て，5から9までは切り上げる）

れい 千の位で四捨五入する　　　　　　**れい** 一万の位で四捨五入する

31**6**123（切り上げる）→20000　　　　42**3**1000（切り捨てる）→00000

31**4**123（切り捨てる）→0000　　　　42**5**1000（切り上げる）→300000

● 四捨五入でもとめたおよその数を，**がい数**といいます。

2 次の数を百の位で四捨五入して，千の位までのがい数にし，（　）に書きましょう。　　　　　　　　　　　　　　　　　　〔1問　4点〕

① 3502　（　　4000　　　）　　　② 8280　（　　　　　　　）

③ 26375　（　　　　　　　）　　　④ 47620　（　　　　　　　）

⑤ 50712　（　　　　　　　）　　　⑥ 72040　（　　　　　　　）

⑦ 654023　（　　　　　　　）　　⑧ 999540　（　　　　　　　）

③ 次の数を，<u>一万の位で四捨五入</u>して，十万の位までのがい数にしましょう。

〔1問　4点〕

① 1524820　（　　　　　）　② 2679522　（　　　　　）

③ 449968　（　　　　　）　④ 5238787　（　　　　　）

④ 次の数を四捨五入して，<u>千の位</u>までのがい数にしましょう。　〔1問　4点〕

百の位を四捨五入します。

① 3540　（　　　　　）　② 34820　（　　　　　）

③ 89321　（　　　　　）　④ 198621　（　　　　　）

⑤ 次の数を四捨五入して，<u>一万の位</u>までのがい数にしましょう。〔1問　4点〕

① 246283　（　　　　　）　② 364521　（　　　　　）

③ 491357　（　　　　　）　④ 575910　（　　　　　）

⑥ 次の数を四捨五入して，<u>上から2けた</u>のがい数にしましょう。〔1問　4点〕

上から3けためを四捨五入します。

① 53017　（　　　　　）　② 51562　（　　　　　）

③ 60900　（　　　　　）　④ 834997　（　　　　　）

いろいろな位で四捨五入する練習をしておこう。

とく点

点

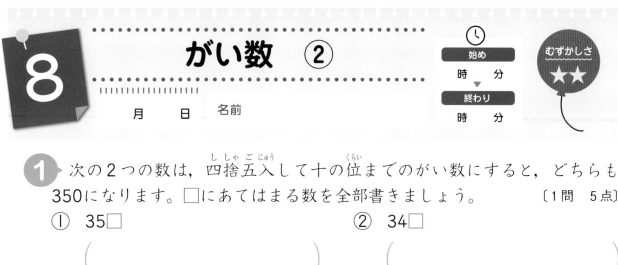

がい数 ②

月　日　名前

始め　時　分
終わり　時　分

むずかしさ
★★

1 次の2つの数は，四捨五入して十の位までのがい数にすると，どちらも350になります。□にあてはまる数を全部書きましょう。〔1問　5点〕

① 35□　　　　　　　　　② 34□

(　　　　　　　　　)　　　(　　　　　　　　　)

2 次の2つの数は，四捨五入して百の位までのがい数にすると，どちらも3500になります。□にあてはまる数を全部書きましょう。〔1問　5点〕

① 35□8　　　　　　　　② 34□8

(　　　　　　　　　)　　　(　　　　　　　　　)

3 次の数のうち，四捨五入して百の位までのがい数にすると6000になるのはどれですか。全部えらんで○でかこみましょう。〔全部できて　5点〕

5940,　　6027,　　5985,　　6080,　　6049,　　5950,　　5949

4 四捨五入して，十の位までのがい数にすると，①～③の数になりました。このようになる数を全部書きましょう。〔1問　5点〕

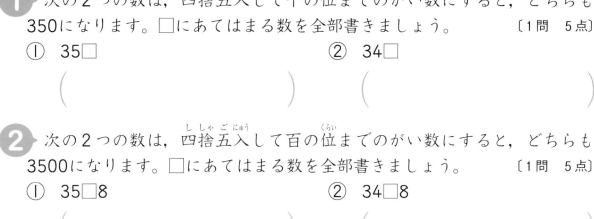

80　　　　　　90　　　　　　100　　　　　　110

① 90　　(　　　　　　　　　　　　　　　　　)

② 100　　(　　　　　　　　　　　　　　　　　)

③ 1260　　(　　　　　　　　　　　　　　　　　)

5 次の数は，〔 〕の中の位を四捨五入して，がい数にした数です。もとの数は，いくつからいくつまでですか。 〔1問 5点〕

① 1700〔十の位〕　（　　　　　　　）から（　　　　　　　）まで

② 3000〔十の位〕　（　　　　　　　）から（　　　　　　　）まで

③ 49000〔百の位〕　（　　　　　　　）から（　　　　　　　）まで

④ 60000〔百の位〕　（　　　　　　　）から（　　　　　　　）まで

⑤ 530000〔千の位〕　（　　　　　　　）から（　　　　　　　）まで

6 次の数は，四捨五入して，上から2けたのがい数にしたものです。もとの数は，いくつからいくつまでですか。 〔1問 5点〕

① 890　（　　　　　　　）から（　　　　　　　）まで

② 4300　（　　　　　　　）から（　　　　　　　）まで

③ 9100　（　　　　　　　）から（　　　　　　　）まで

④ 15000　（　　　　　　　）から（　　　　　　　）まで

⑤ 72000　（　　　　　　　）から（　　　　　　　）まで

7 四捨五入して千の位までのがい数にすると，55000になる数について，次の問題に答えましょう。 〔1問 5点〕

① この中で，いちばん大きい数を書きましょう。

（　　　　　　　）

② この中で，いちばん小さい数を書きましょう。

（　　　　　　　）

まちがえた問題は，もう一度やり直してみよう。

とく点

点

がい数 ③

|||||||||||||||||||

月　日　名前

おぼえておこう

　一の位を四捨五入して，250になる数のはんいのことを，「245以上255未満」といいます。
「245以上」とは，245に等しいか，それより大きい数をいいます。
「255未満」とは，255より小さい数（255は入らない）をいいます。
「270以下」とは，270に等しいか，それより小さい数をいいます。

1 □にあてはまる数を書きましょう。　　　　　　　　　〔1問　5点〕

① 「765以上」とは，□に等しいか，それより大きい数をいいます。

② 「630未満」とは，□より小さい数をいいます。

③ 280に等しいか，それより小さい数を，「□以下」といいます。

④ 「320未満」のいちばん大きい整数は□です。

2 次の数のうち，①～③の数のはんいにあてはまるものを，全部えらんで書きましょう。（同じ数を何回書いてもよいです。）　　〔1問　全部できて10点〕

360,　363,　378,　380,　381,　390,　415

① 390以上（390,　　　　　　　　　　　　　　）

② 380未満（　　　　　　　　　　　　　　　　）

③ 380以下（　　　　　　　　　　　　　　　　）

❸ 次の数のうち，四捨五入して十の位までのがい数にすると450になる整数を全部えらんで〇でかこみましょう。 〔全部できて 10点〕

440, 443, 445, 451, 453, 457, 459

❹ □にあてはまる数を書きましょう。 〔1問 全部できて8点〕

① 500に等しいか，それより大きい数を「[　　　]以上」といいます。

② 「830以上940未満」とは，[　　　]に等しいか，それより大きく，

[　　　]より小さい数をいいます。

③ 一の位を四捨五入して，[　　　]になる数のはんいを，

「725以上735未満」といいます。

④ 一の位を四捨五入して，140になる数のはんいを，

「[　　　]以上[　　　]未満」といいます。

⑤ 四捨五入して十の位までのがい数にすると，260になる整数は

「[　　　]以上[　　　]以下」の整数です。

©くもん出版

まちがえた問題は，もう一度やり直してみよう。

とく点

点

がい数 ④

月　日　名前

始め
時　　分
▼
終わり
時　　分

むずかしさ
★★★

1 次の計算を，百の位までのがい数にしてもとめましょう。　〔1問　4点〕

① 1240＋3568

1200＋3600＝

② 2087＋326

2100＋300＝

③ 3472＋8735

④ 452＋8117

⑤ 8608－6594

⑥ 7721－954

2 次の計算を，千の位までのがい数にしてもとめましょう。　〔1問　4点〕

① 34326＋25587

34000＋26000＝

② 18752＋3624

③ 75819＋36490

④ 5921＋86418

⑤ 98107－76805

⑥ 88505－9104

3 次の計算を，一万の位までのがい数にしてもとめましょう。　〔1問　3点〕

① 62543＋36875

② 49803＋222675

③ 96873－50032

④ 572156－431890

4 次の計算を，上から１けたのがい数にしてもとめましょう。　〔1問　2点〕

上から１けたのがい数にするときには
342 → 300　34 → 30
356 → 400　35 → 40
上から２けため<ruby>を四<rt>し</rt></ruby>捨五入しよう。

① 510×38

   500×40＝

② 182×51

   200×50＝

③ 397×42

④ 723×68

⑤ 280×83

⑥ 463×89

⑦ 610×580

⑧ 276×315

5 次の計算を，上から１けたのがい数にしてもとめましょう。　〔1問　3点〕

① 723÷13

   700÷10＝

② 945÷28

③ 4851÷176

   5000÷200＝

④ 1746÷119

⑤ 2809÷629

⑥ 8180÷490

⑦ 6320÷482

⑧ 3291÷180

まちがえた問題は，もう一度やり直してみよう。

とく点

点

小 数 ①

始め　時　分
終わり　時　分

むずかしさ ★★

月　日　名前

1 次の数は，0.1をいくつ集めた数ですか。　　　〔1問　3点〕

① 0.7 （ 7つ ）　② 0.9 （　　　）　③ 0.2 （　　　）

④ 0.5 （　　　）　⑤ 1 （ 10 ）　⑥ 1.1 （　　　）

2 次の数は，0.01（れい点れい一）をいくつ集めた数ですか。　〔1問　3点〕

① 0.04 （ 4つ ）　② 0.08 （　　　）　③ 0.02 （　　　）

④ 0.03 （　　　）　⑤ 0.1 （ 10 ）　⑥ 0.11 （　　　）

3 次の数は，0.001（れい点れいれい一）をいくつ集めた数ですか。

〔1問　3点〕

① 0.006 （ 6つ ）　② 0.005 （　　　）　③ 0.002 （　　　）

④ 0.003 （　　　）　⑤ 0.008 （　　　）　⑥ 0.01 （ 10 ）

4 次の数は，0.01の何倍ですか。　　　〔1問　3点〕

① 0.08 （ 8倍 ）　② 0.05 （　　　）　③ 0.1 （　　　）

5 次の数は，0.001の何倍ですか。　　　〔1問　3点〕

① 0.007 （　　　）　② 0.009 （　　　）　③ 0.01 （　　　）

● 2.734（二点七三四）は，1を2つと，0.1を7つと，0.01を3つと，0.001を4つあわせた数です。

$$2 \quad . \quad 7 \quad 3 \quad 4$$

一の位　小数点　$\frac{1}{10}$の位（小数第1位）　$\frac{1}{100}$の位（小数第2位）　$\frac{1}{1000}$の位（小数第3位）

6 次の数は，0.1をいくつと，0.01をいくつと，0.001をいくつあわせた数ですか。□にあてはまる数を書きましょう。　〔1問　全部できて4点〕

① 3.512は，1を□つと，0.1を□つと，0.01を□つと，0.001を□つあわせた数です。

② 0.275は，0.1を□つと，0.01を□つと，0.001を□つあわせた数です。

③ 0.431は，0.1を□つと，0.01を□つと，0.001を□つあわせた数です。

④ 0.508は，0.1を□つと，0.01を□と，0.001を□つあわせた数です。

7 次の数を書きましょう。　〔1問　4点〕

① 1を2つと，0.1を3つと，0.01を5つと，0.001を4つあわせた数

（　　　　　　　）

② 0.1を8つと，0.01を6つと，0.001を1つあわせた数

（　　　　　　　）

③ 0.1を7つと，0.001を2つあわせた数

（　　　　　　　）

©くもん出版

まちがえた問題は，もう一度やり直してみよう。

とく点

点

小　数　②

月　　日　　名前

1 次の数直線の，↓の目もりにあてはまる小数を書きましょう。〔□1つ　2点〕

①

| 0.01 | | | |

0　　　　　　　0.1　　　　　　　0.2　　　　　　　0.3

②

0　　　　　　　0.01　　　　　　　0.02　　　　　　　0.03

2 次の2つの数の大きさをくらべ，大きいほうの数を〇でかこみましょう。
〔1問　2点〕

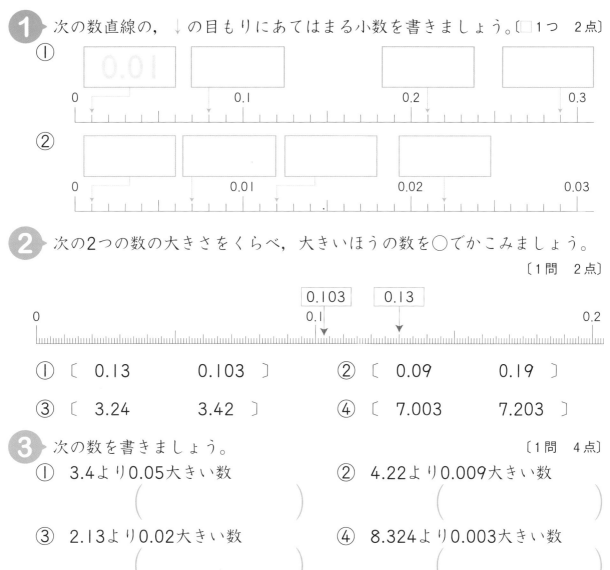

0.103　　0.13

0　　　　　　　0.1　　　　　　　0.2

① 〔　0.13　　　　0.103　〕　② 〔　0.09　　　　0.19　〕

③ 〔　3.24　　　　3.42　〕　④ 〔　7.003　　　7.203　〕

3 次の数を書きましょう。　　　　　　　　　　　〔1問　4点〕

① 3.4より0.05大きい数　　② 4.22より0.009大きい数

（　　　　　　　　）　　　　（　　　　　　　　）

③ 2.13より0.02大きい数　　④ 8.324より0.003大きい数

（　　　　　　　　）　　　　（　　　　　　　　）

4 次の数を大きいじゅんに（　）に書きましょう。　〔1問　全部できて4点〕

① 1.11，1.001，1.04　　（　　　　　　　　　　　）

② 9.01，9.111，9.001，9.11

（　　　　　　　　　　　）

5 □にあてはまる数を書いて，次の長さをcmの単位で表しましょう。〔1問 2点〕

① 1m = ⬚ cm　　　② 0.55m = 55 cm

③ 0.65m = ⬚ cm　　④ 0.38m = ⬚ cm

⑤ 0.7m = ⬚ cm　　　⑥ 0.05m = 5 cm

⑦ 0.03m = ⬚ cm　　⑧ 0.01m = ⬚ cm

6 □にあてはまる数を書いて，次の長さをmの単位で表しましょう。〔1問 2点〕

① 15cm = 0.15 m　　② 39cm = ⬚ m

③ 64cm = ⬚ m　　　④ 17cm = ⬚ m

⑤ 4cm = 0.04 m　　　⑥ 1cm = ⬚ m

7 □にあてはまる数を書きましょう。　　〔1問 全部できて2点〕

① 1.65m = 165 cm　　③ 1.08m = ⬚ cm

② 1.65m = 1 m 65 cm　④ 1.08m = ⬚ m ⬚ cm

⑤ 175cm = 1.75 m　　⑦ 104cm = ⬚ m

⑥ 175cm = ⬚ m ⬚ cm　⑧ 104cm = ⬚ m ⬚ cm

⑨ 2m15cm = ⬚ cm　　⑪ 1m5cm = ⬚ cm

⑩ 2m15cm = ⬚ m　　　⑫ 1m5cm = ⬚ m

0.1m＝10cm，0.01m＝1cmだよ。まちがえやすい問題は，何回も練習しよう。

とく点　　　点

始め
時　　分
▼
終わり
時　　分

むずかしさ
★★

1 □にあてはまる数を書いて，次の長さをmの単位で表しましょう。〔1問　2点〕

① 1km= **1000** m　　　② 0.34km= **340** m

③ 0.157km= **157** m　　　④ 0.905km=〔　　〕m

⑤ 0.025km=〔　　〕m　　　⑥ 0.008km=〔　　〕m

2 □にあてはまる数を書いて，次の長さをkmの単位で表しましょう。〔1問　2点〕

① 560m= **0.56** km　　　② 812m= **0.812** km

③ 540m=〔　　〕km　　　④ 706m=〔　　〕km

⑤ 38m=〔　　〕km　　　⑥ 3m=〔　　〕km

3 □にあてはまる数を書きましょう。　　　　〔1問　全部できて2点〕

① 1.81km= **1810** m　　　③ 2.361km= **2361** m

② 1.81km= **1** km **810** m　　　④ 2.361km= **2** km **361** m

⑤ 2310m=〔　　〕km　　　⑦ 1306m=〔　　〕km

⑥ 2310m=〔　　〕km〔　　〕m　　　⑧ 1306m=〔　　〕km〔　　〕m

⑨ 3km158m=〔　　〕m　　　⑪ 2km49m=〔　　〕m

⑩ 3km158m=〔　　〕km　　　⑫ 2km49m=〔　　〕km

4 次の□にあてはまる数を書きましょう。 〔1問 2点〕

① 1m= **1000** mm   ② 0.681m= **681** mm

③ 0.092m= ☐ mm   ④ 0.002m= ☐ mm

⑤ 517mm= **0.517** m   ⑥ 606mm= ☐ m

5 次の□にあてはまる数を書きましょう。 〔1問 2点〕

① 1dL= **0.1** L   ② 3dL= ☐ L

③ 0.7L= ☐ dL   ④ 1mL= **0.001** L

⑤ 4mL= ☐ L   ⑥ 0.05L= ☐ mL

6 次の□にあてはまる数を書きましょう。 〔1問 全部できて2点〕

① 1kg= **1000** g   ② 0.62kg= **620** g

③ 0.309kg= **309** g   ④ 0.006kg= ☐ g

⑤ 729g= **0.729** kg   ⑥ 440g= ☐ kg

⑦ 1.43kg= **1430** g   ⑨ 2.672kg= **2672** g

⑧ 1.43kg= ☐ kg ☐ g   ⑩ 2.672kg= ☐ kg ☐ g

⑪ 1815g= ☐ kg   ⑬ 3kg506g= ☐ g

⑫ 1815g= ☐ kg ☐ g   ⑭ 3kg506g= ☐ kg

答えを書き終わったら，見直しをしよう。まちが
いがなくなるよ。

とく点

点

小　数　④

月　　日　名前

れい

● 17.2の $\frac{1}{10}$ は1.72です。　　● 1.72の $\frac{1}{10}$ は0.172です。

1 次の数を書きましょう。　　　　　　　　　　　　〔1問　2点〕

① 83.1の $\frac{1}{10}$ （ 8.31 ）　② 8.31の $\frac{1}{10}$ （　　　）

③ 12.5の $\frac{1}{10}$ （　　　）　④ 1.25の $\frac{1}{10}$ （　　　）

⑤ 46.9の $\frac{1}{10}$ （　　　）　⑥ 4.69の $\frac{1}{10}$ （　　　）

⑦ 70.4の $\frac{1}{10}$ （　　　）　⑧ 7.04の $\frac{1}{10}$ （　　　）

⑨ 90.3の $\frac{1}{10}$ （　　　）　⑩ 9.03の $\frac{1}{10}$ （　　　）

れい

● 0.172の10倍は1.72です。　　● 1.72の10倍は17.2です。

2 次の数を書きましょう。　　　　　　　　　　　　〔1問　2点〕

① 0.831の10倍 （ 8.31 ）　② 8.31の10倍 （　　　）

③ 0.469の10倍 （　　　）　④ 4.69の10倍 （　　　）

⑤ 0.704の10倍 （　　　）　⑥ 7.04の10倍 （　　　）

⑦ 1.25の10倍 （　　　）　⑧ 12.5の10倍 （　　　）

⑨ 9.03の10倍 （　　　）　⑩ 90.3の10倍 （　　　）

- 0.172の100倍は17.2です。　　　● 1.72の100倍は172です。

3 次の数を書きましょう。　　　　　　　　　　　　〔1問　3点〕

① 0.831の100倍 (*83.1*)　　② 8.31の100倍 ( )

③ 0.125の100倍 ( )　　④ 1.25の100倍 ( )

⑤ 0.469の100倍 ( )　　⑥ 4.69の100倍 ( )

⑦ 0.704の100倍 ( )　　⑧ 7.04の100倍 ( )

⑨ 0.903の100倍 ( )　　⑩ 9.03の100倍 ( )

4 次の数を書きましょう。　　　　　　　　　　　　〔1問　3点〕

① 3.74の$\frac{1}{10}$ (*0.374*)　　② 8.06の10倍 ( )

③ 0.222の100倍 ( )　　④ 72.9の$\frac{1}{10}$ ( )

⑤ 1.03の100倍 ( )　　⑥ 56.2の10倍 ( )

⑦ 4.01の$\frac{1}{10}$ ( )　　⑧ 2.11の100倍 ( )

⑨ 6.06の10倍 ( )　　⑩ 943の$\frac{1}{10}$ ( )

まちがえた問題は，もう一度やり直してみよう。

とく点　　点

分 数 ①

始め
時　　分

▼

終わり
時　　分

むずかしさ

★★

1 次のかさを，下の れい のように，二とおりの分数で表し，（　）に書きましょう。

〔1問　全部できて6点〕

れい

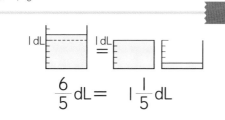

$\dfrac{6}{5}$dL＝　1$\dfrac{1}{5}$dL

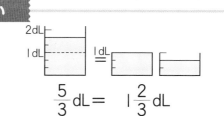

$\dfrac{5}{3}$dL＝　1$\dfrac{2}{3}$dL

①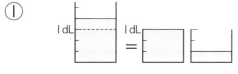

（　$\dfrac{4}{3}$　）dL＝（　　　　）dL

②

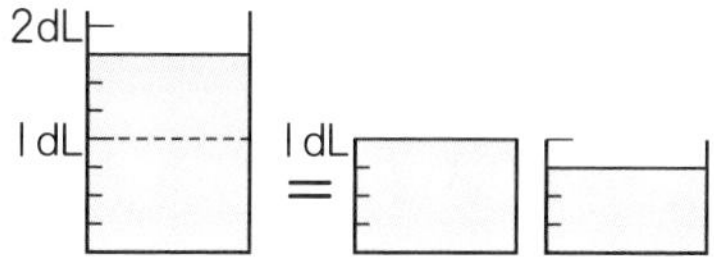

（　$\dfrac{7}{4}$　）dL＝（　　　　）dL

③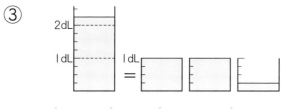

（　$\dfrac{}{4}$　）dL＝（　　　　）dL

④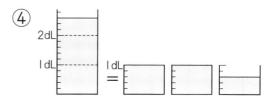

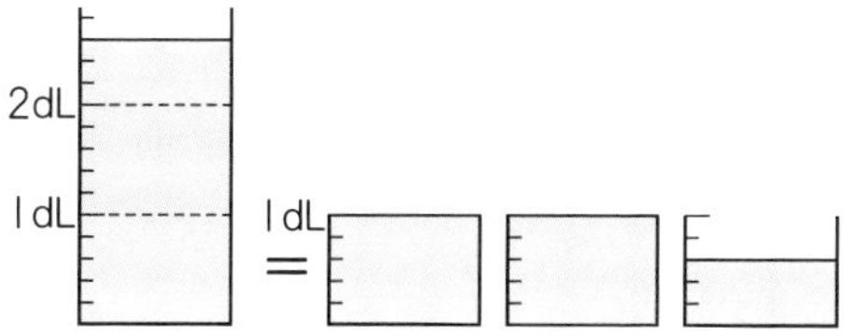

（　$\dfrac{}{5}$　）dL＝（　　　　）dL

2 色をぬった長さを二とおりの分数で表し，（　）に書きましょう。

〔1問　全部できて6点〕

①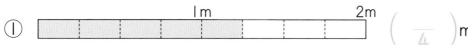

（　$\dfrac{}{4}$　）m＝（　　　　）m

②

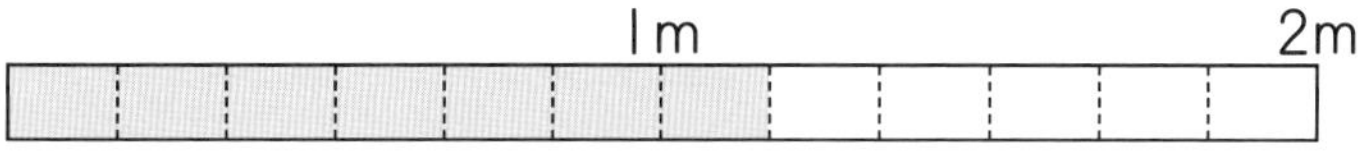

（　　　　）m＝（　　　　）m

③

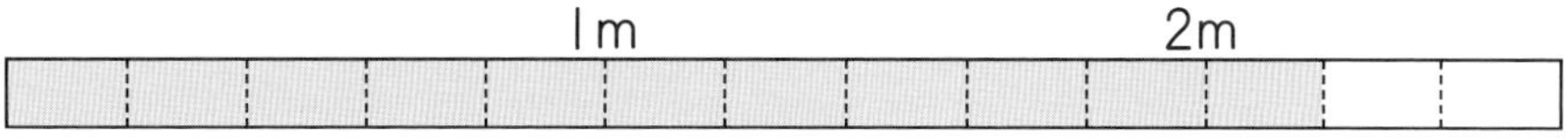

（　　　　）m＝（　　　　）m

分数
$\dfrac{1}{4}, \quad \dfrac{2}{4}, \quad \dfrac{3}{4}$ ……**真分数**（分子が分母より小さい）

$\dfrac{4}{4}, \quad \dfrac{5}{4}, \quad \dfrac{6}{4}$ ……**仮分数**$\left(\begin{array}{l}\text{分子が分母に等しいか，分子が分}\\ \text{母より大きい}\end{array}\right)$

$2\dfrac{1}{4}, \qquad 3\dfrac{2}{7}$ ……**帯分数**（整数＋真分数）

〔$2\dfrac{1}{4}$ は，2と $\dfrac{1}{4}$ と読みます。〕

3 次の分数を，真分数，仮分数，帯分数に分けましょう。　〔全部できて10点〕

$$\dfrac{7}{6}, \quad \dfrac{6}{11}, \quad 1\dfrac{2}{3}, \quad \dfrac{13}{18}, \quad \dfrac{15}{15}, \quad \dfrac{20}{23}, \quad 3\dfrac{15}{17}, \quad \dfrac{23}{18}, \quad 4\dfrac{13}{25}$$

真分数 (　　　　　　　　　)　　仮分数 (　　　　　　　　　)

帯分数 (　　　　　　　　　)

4 下の数直線で，↓が表す分数を，真分数か仮分数で□に書きましょう。

〔□1つ　6点〕

①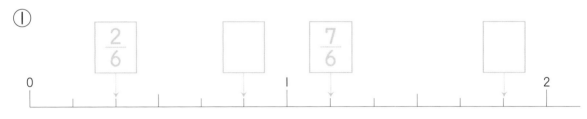

②

まちがえた問題は，もう一度やり直してみよう。

とく点　　点

分　数　②

月　日　名前

1 下の数直線で，↓が表す分数を，真分数か帯分数で□に書きましょう。

〔□1つ　3点〕

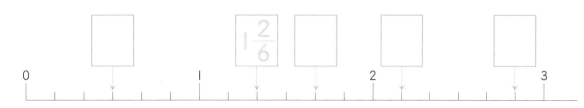

$1\frac{2}{6}$

0　　　　　1　　　　　　2　　　　3

2 次の□にあてはまる数を書きましょう。

〔□1つ　3点〕

① $\frac{1}{5}$を6つ集めた数を仮分数で表すと□で，帯分数で表すと□です。

② $\frac{1}{7}$を11集めた数を仮分数で表すと□で，帯分数で表すと□です。

③ $\frac{7}{4}$は，$\frac{1}{4}$の□つ分です。　　④ $1\frac{2}{3}$は，$\frac{1}{3}$の□つ分です。

3 次の2つの分数の大小を調べて，大きいほうの分数の（　）に○をつけましょう。

〔1問　3点〕

① $\frac{4}{5}$ ○―○ $\frac{6}{5}$　　　　② $\frac{9}{7}$ ○―○ $\frac{8}{7}$

（　）（　）　　　　　　　　　　　（　）（　）

③ $1\frac{1}{4}$ ○―○ $\frac{3}{4}$　　　　④ $1\frac{2}{9}$ ○―○ $1\frac{7}{9}$

（　）（　）　　　　　　　　　　　（　）（　）

4 下の れい のように，次の仮分数を帯分数か整数になおしましょう。

〔1問　3点〕

① $\frac{4}{3} = 1\frac{\boxed{}}{3}$

② $\frac{7}{5} =$

③ $\frac{6}{6} =$

④ $\frac{7}{3} =$

⑤ $\frac{10}{5} =$

⑥ $\frac{11}{6} =$

⑦ $\frac{11}{8} =$

⑧ $\frac{12}{7} =$

⑨ $\frac{9}{4} =$

5 下の れい のように，次の帯分数を仮分数になおしましょう。〔1問　3点〕

① $1\frac{1}{4} = \frac{}{4}$

② $1\frac{1}{3} =$

③ $1\frac{2}{5} =$

④ $1\frac{2}{7} =$

⑤ $2\frac{1}{4} =$

⑥ $2\frac{2}{3} =$

6 次の分数を，大きいほうからじゅんに書きましょう。

〔1問　5点〕

① $\frac{3}{5}, \ \frac{6}{5}, \ 1\frac{2}{5}, \ \frac{9}{5}$ （　　　　　　　　　　　）

② $1\frac{1}{9}, \ \frac{7}{9}, \ 1\frac{4}{9}, \ \frac{11}{9}$ （　　　　　　　　　　　）

まちがえた問題は，もう一度やり直してみよう。

とく点　　　　　点

分　数　③

むずかしさ
★★★

月　日　名前

1 下の数直線の□にあてはまる分数を書きましょう。　〔□1つ　2点〕

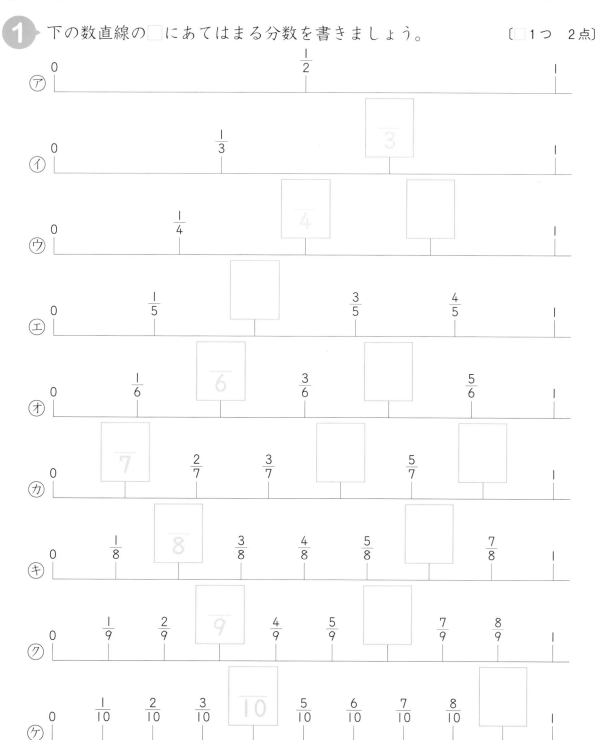

2 ❶の数直線を見て，次の問題に答えましょう。　　〔1問　全部できて6点〕

① $\dfrac{1}{2}$ と大きさの等しい分数を全部書きましょう。（　　　　　　　）

② $\dfrac{1}{3}$ と大きさの等しい分数を全部書きましょう。（　　　　　　　）

3 ❶の数直線を見て，次の2つの分数のうち，大きいほうの分数を書きましょう。　　〔1問　5点〕

① $\left[\dfrac{1}{4}, \dfrac{3}{4}\right]$ （　　　）　　② $\left[\dfrac{7}{9}, \dfrac{5}{9}\right]$ （　　　）

③ $\left[\dfrac{1}{3}, \dfrac{1}{4}\right]$ （　　　）　　④ $\left[\dfrac{1}{8}, \dfrac{1}{5}\right]$ （　　　）

⑤ $\left[\dfrac{2}{3}, \dfrac{2}{5}\right]$ （　　　）　　⑥ $\left[\dfrac{3}{7}, \dfrac{3}{4}\right]$ （　　　）

⑦ $\left[\dfrac{7}{10}, \dfrac{7}{8}\right]$ （　　　）　　⑧ $\left[\dfrac{4}{5}, \dfrac{4}{9}\right]$ （　　　）

> **おぼえておこう**
>
> ● 分母が同じとき，分子が大きい分数のほうが大きい。
>
> ● 分子が同じとき，分母が小さい分数のほうが大きい。

4 次の分数を大きいほうからじゅんに書きましょう。　　〔1問　6点〕

① $\dfrac{4}{9}$ ， $\dfrac{7}{9}$ ， $\dfrac{2}{9}$ ， $\dfrac{8}{9}$ 　　（　　　　　　　）

② $\dfrac{5}{9}$ ， $\dfrac{5}{7}$ ， $\dfrac{5}{8}$ ， $\dfrac{5}{6}$ 　　（　　　　　　　）

③ $\dfrac{6}{8}$ ， $\dfrac{6}{5}$ ， $\dfrac{6}{11}$ ， $\dfrac{6}{7}$ 　　（　　　　　　　）

まちがえた問題は，もう一度やり直してみよう。
まちがいがなくなるよ。

とく点　　点

1 右の方がん紙の１目もりは１cmです。

① あ〜うの形は，それぞれ１辺が１cmの正方形がいくつ分の形ですか。〔1つ　4点〕

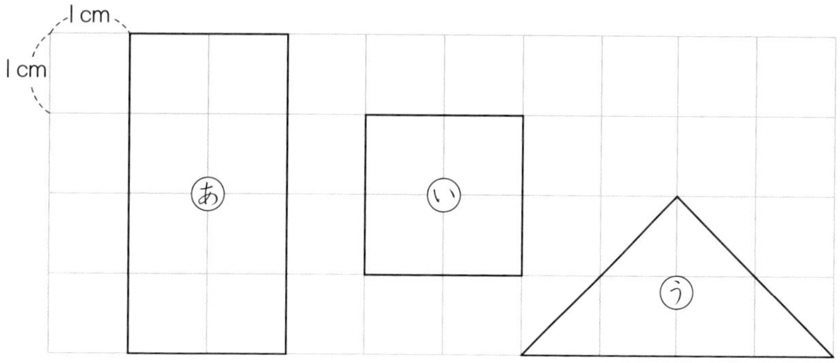

あ (   )　い (   )　う (   )

② あ〜うの中で，いちばん広いのはどれですか。〔4点〕

(   )

おぼえておこう

- 広さのことを**面積**といいます。
- １辺が１cmの正方形の面積を**１平方センチメートル**といい，**１cm²**と書きます。

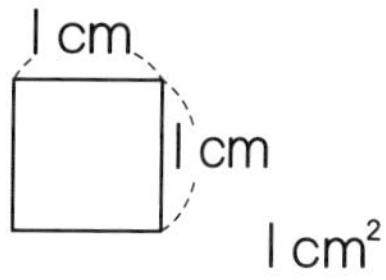

１cm
１cm
１cm²

2 １辺が１cmの正方形を使って，いろいろな形をつくりました。それぞれの面積は何cm²ですか。〔1問　5点〕

① (１cm²)

② (２cm²)

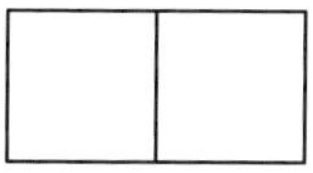

③ (cm²)

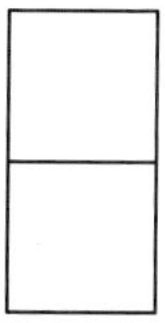

④ (   )

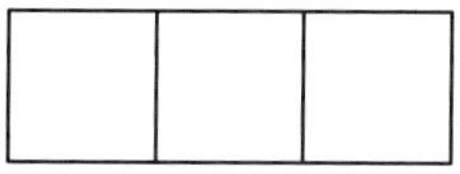

⑤ (   )

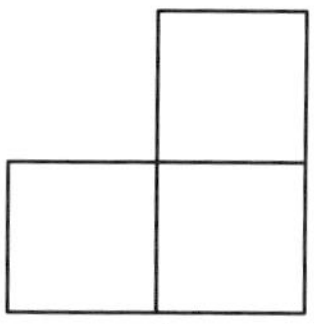

⑥ (   )

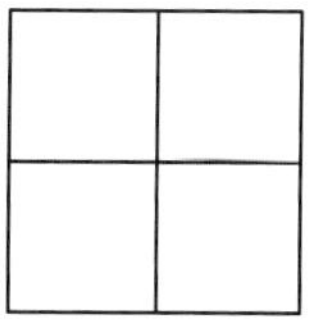

3 次の正方形や長方形の面積は何cm²ですか。 〔1問 6点〕

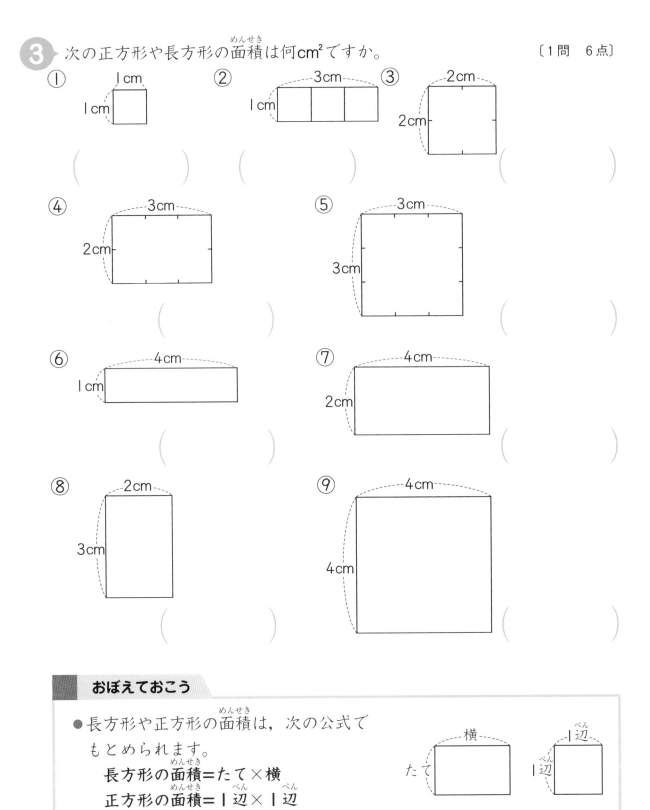

① 1cm × 1cm の正方形

(　　　　　)

② 3cm × 1cm の長方形

(　　　　　)

③ 2cm × 2cm の正方形

(　　　　　)

④ 3cm × 2cm の長方形

(　　　　　)

⑤ 3cm × 3cm の正方形

(　　　　　)

⑥ 4cm × 1cm の長方形

(　　　　　)

⑦ 4cm × 2cm の長方形

(　　　　　)

⑧ 2cm × 3cm の長方形

(　　　　　)

⑨ 4cm × 4cm の正方形

(　　　　　)

おぼえておこう

● 長方形や正方形の面積は，次の公式で
もとめられます。

　　長方形の面積＝たて×横
　　正方形の面積＝1辺×1辺

答えを書き終わったら，見直しをしよう。まちが
いがなくなるよ。

とく点　　　点

19 面積 ②

月　日　名前

始め　時　分
終わり　時　分

むずかしさ ★★

おぼえておこう

長方形の面積＝たて×横，　正方形の面積＝１辺×１辺

1 次の長方形や正方形の面積は何cm²ですか。計算でもとめましょう。

〔1問　6点〕

①

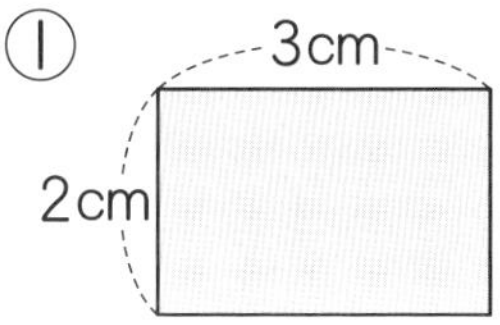

3cm
2cm

式　2 × 3 ＝ 6

答え（6cm²）

②

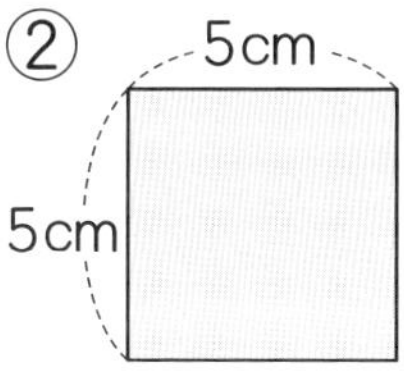

5cm
5cm

式

答え（　　　）

③

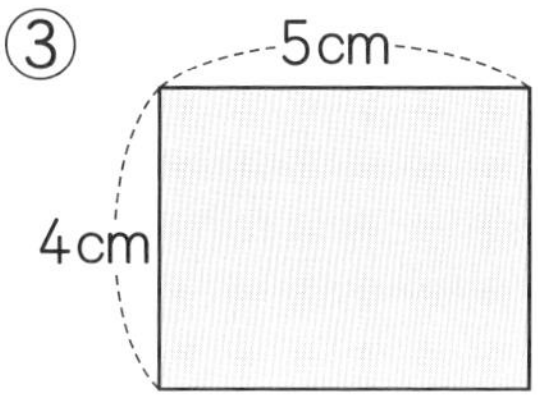

5cm
4cm

式

答え（　　　）

④

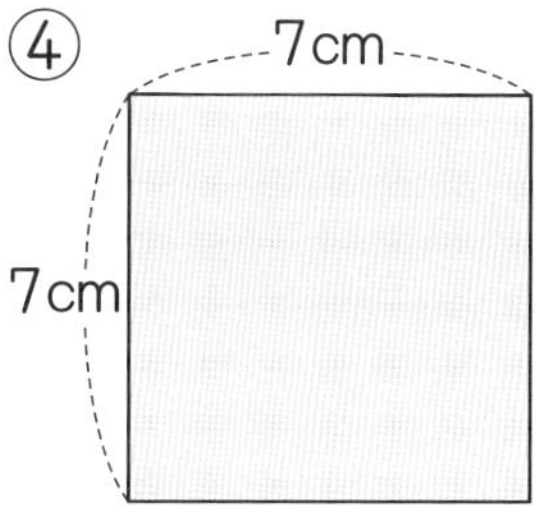

7cm
7cm

式

答え（　　　）

⑤

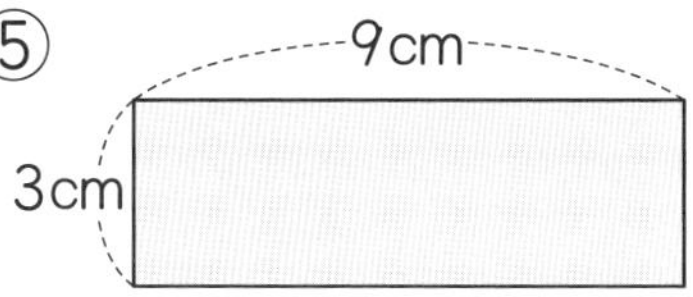

9cm
3cm

式

答え（　　　）

⑥

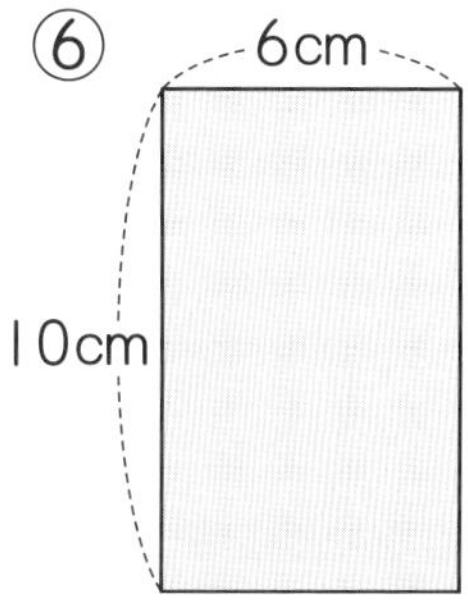

6cm
10cm

式

答え（　　　）

● １辺（へん）が１mの正方形の面積（めんせき）を１**平方（へいほう）メートル**といい，１m² と書きます。

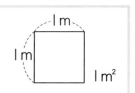

2 次の長方形や正方形の面積（めんせき）は何m²ですか。 〔1問 8点〕

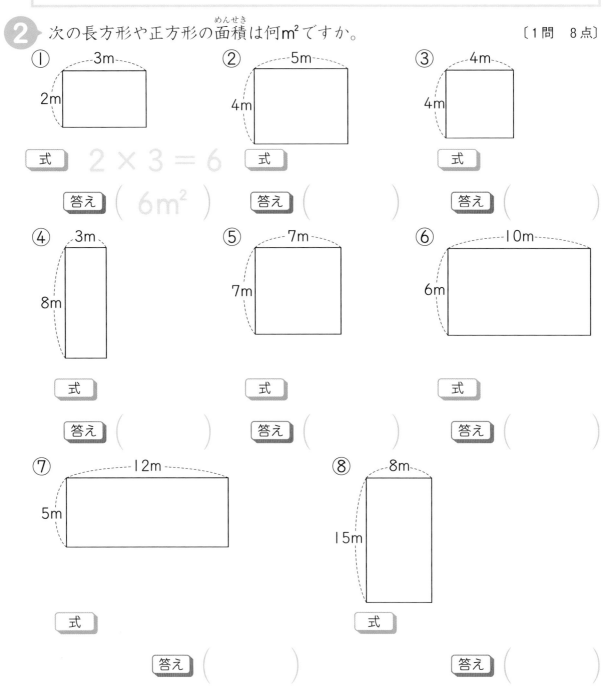

① 3m / 2m

式 2 × 3 = 6

答え（ 6m² ）

② 5m / 4m

式

答え（　　　）

③ 4m / 4m

式

答え（　　　）

④ 3m / 8m

式

答え（　　　）

⑤ 7m / 7m

式

答え（　　　）

⑥ 10m / 6m

式

答え（　　　）

⑦ 12m / 5m

式

答え（　　　）

⑧ 8m / 15m

式

答え（　　　）

全部できたかな。まちがえた問題は，もう一度やり直してみよう。

とく点　　点

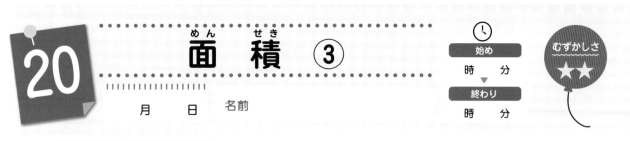

20 面積 ③

月　日　名前

おぼえておこう

● 1辺が1kmの正方形の面積を1**平方キロメートル**といい，1km²と書きます。

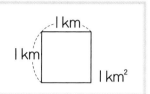

1 次の長方形や正方形の面積は何km²ですか。　　　〔1問　10点〕

①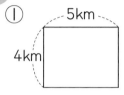

式　$4 \times 5 = 20$

答え（ 20km² ）

②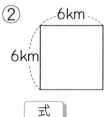

式

答え（　　　）

③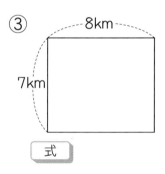

式

答え（　　　）

④

式

答え（　　　）

⑤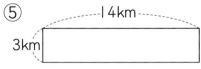

式

答え（　　　）

⑥

式

答え（　　　）

② 次の図で， ▭ の部分の面積をもとめましょう。　〔1問　8点〕

①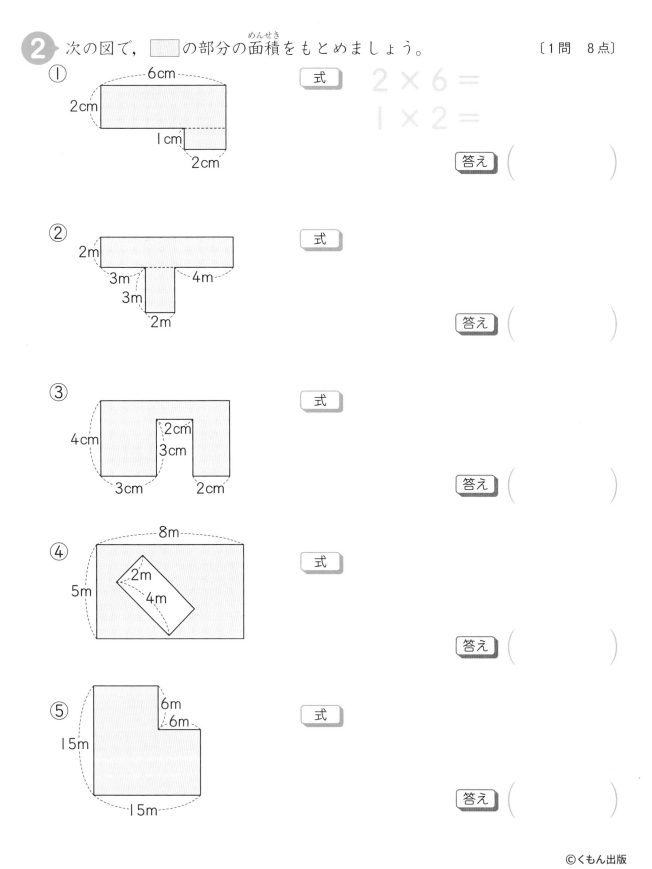

6cm
2cm
1cm
2cm

式　$2 \times 6 =$
$1 \times 2 =$

答え（　　　　　）

②
2m
3m
4m
3m
2m

式

答え（　　　　　）

③
4cm
2cm
3cm
3cm
2cm

式

答え（　　　　　）

④
8m
2m
5m
4m

式

答え（　　　　　）

⑤
6m
6m
15m
15m

式

答え（　　　　　）

答えを書き終わったら，見直しをしよう。まちがいがなくなるよ。

とく点　　　　点

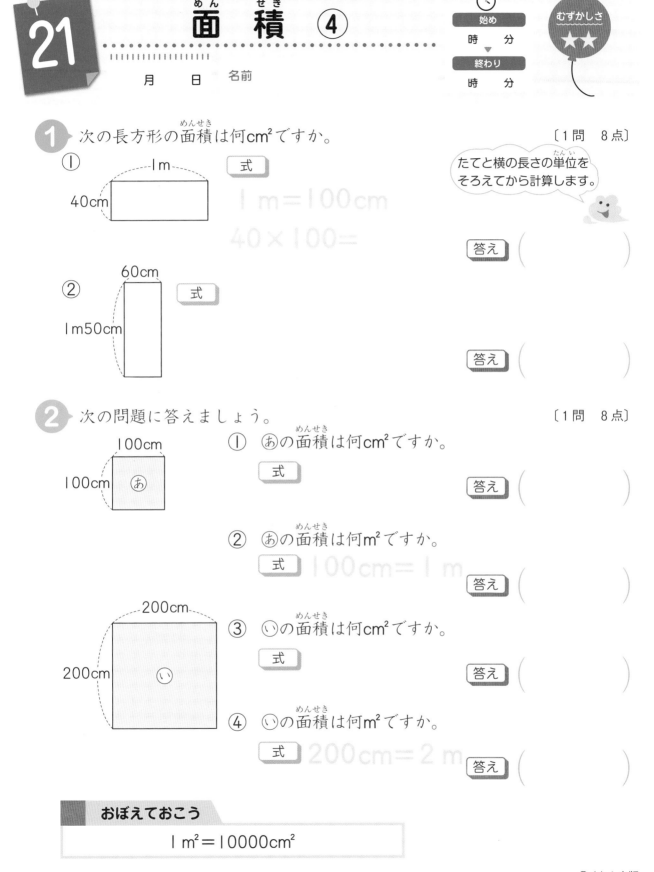

始め
時　分
▼
終わり
時　分

むずかしさ
★★

1 次の長方形の面積は何cm²ですか。

〔1問　8点〕

たてと横の長さの単位を
そろえてから計算します。

① 1m　40cm

式　1m＝100cm
40×100＝

答え（　　　）

② 60cm　1m50cm

式

答え（　　　）

2 次の問題に答えましょう。

〔1問　8点〕

100cm　100cm　あ

① あの面積は何cm²ですか。

式

答え（　　　）

② あの面積は何m²ですか。

式　100cm＝1m

答え（　　　）

200cm　200cm　い

③ いの面積は何cm²ですか。

式

答え（　　　）

④ いの面積は何m²ですか。

式　200cm＝2m

答え（　　　）

おぼえておこう

1m²＝10000cm²

3 次の長方形の面積は何m²ですか。　　　　　　　〔1問　8点〕

① 2m／50cm　　　式

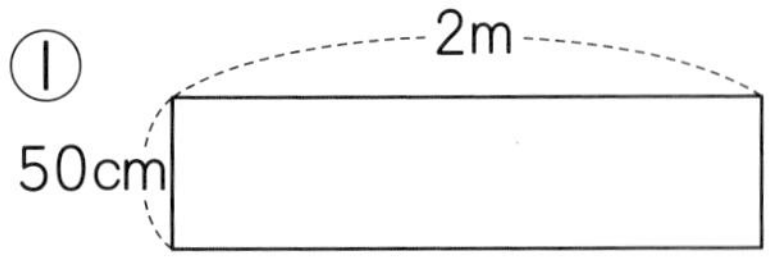

答え（　　　　　　　）

② 2m40cm／5m　　式

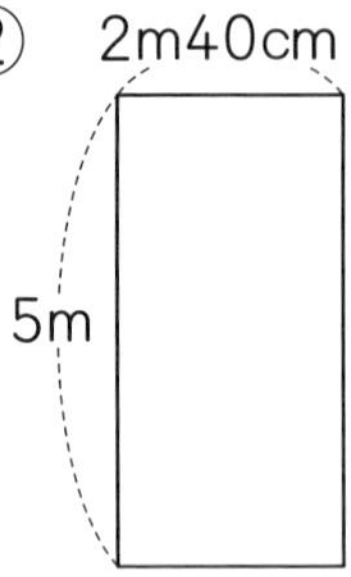

答え（　　　　　　　）

4 次の長方形の面積は何m²ですか。　　　　　　　〔8点〕

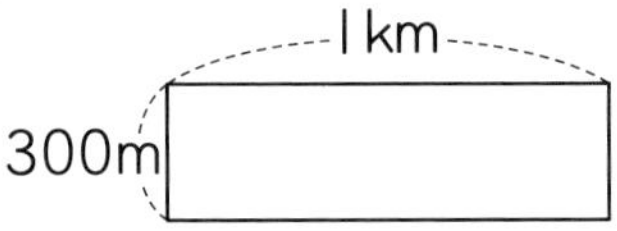

1km／300m　　式

1km＝1000m

答え（　　　　　　　）

5 次の問題に答えましょう。　　　　　　　〔1問　7点〕

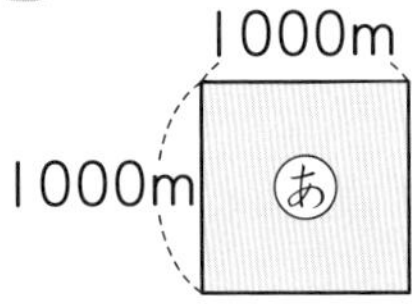

1000m／1000m　あ

① あの面積は何m²ですか。

式

答え（　　　　　　　）

② あの面積は何km²ですか。

式　1000m＝1km

答え（　　　　　　　）

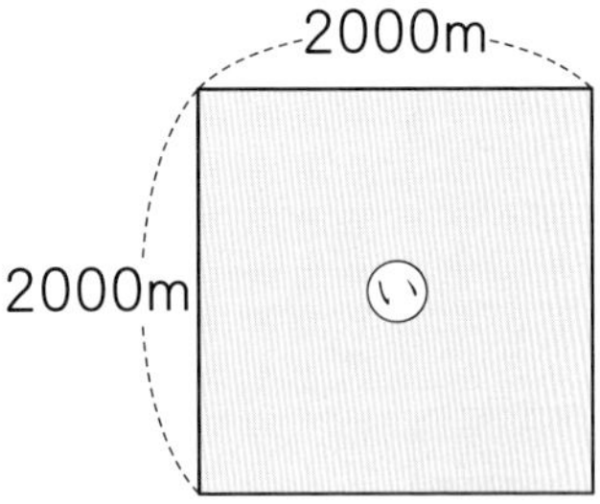

2000m／2000m　い

③ いの面積は何m²ですか。

式

答え（　　　　　　　）

④ いの面積は何km²ですか。

式

答え（　　　　　　　）

おぼえておこう
1km²＝1000000m²

まちがえた問題は，もう一度やり直してみよう。

とく点　　点

面積 ⑤

月　日　名前

おぼえておこう

● 1辺が10mの正方形の面積を1**アール**といい、
1aと書きます。

$$1a=(10×10)m^2=100m^2$$

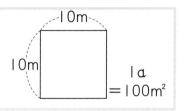

10m
10m
1a
=100m²

1 次の□にあてはまる数を書きましょう。　〔1問　3点〕

① 1a = ☐ m²

② 2a =(100×2)m²
= ☐ m²

③ 9a = ☐ m²

④ 10a = ☐ m²

⑤ 23a = ☐ m²

⑥ 100m² = ☐ a

⑦ 200m² =(200÷100)a
= ☐ a

⑧ 500m² = ☐ a

⑨ 3000m² = ☐ a

⑩ 2800m² = ☐ a

2 次の長方形や正方形の面積は何aですか。　〔1問　8点〕

①

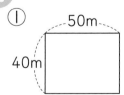

50m
40m

式　40×50=2000
2000m²=

答え（　　　　　）

②

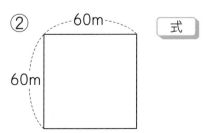

60m
60m

式

答え（　　　　　）

● 1辺が100mの正方形の面積を1ヘクタール
といい，1haと書きます。
1ha＝（100×100）m²＝10000m²

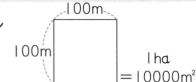

3 次の□にあてはまる数を書きましょう。　　　　〔1問　3点〕

① 1ha＝ □ m²

② 2ha＝（10000×2）m²
　　　＝ □ m²

③ 6ha＝ □ m²

④ 9ha＝ □ m²

⑤ 20ha＝ □ m²

⑥ 33ha＝ □ m²

⑦ 10000m²＝ □ ha

⑧ 20000m²＝（20000÷10000）ha
　　　＝ □ ha

⑨ 80000m²＝ □ ha

⑩ 50000m²＝ □ ha

⑪ 300000m²＝ □ ha

⑫ 420000m²＝ □ ha

4 次の長方形や正方形の面積は何haですか。　　　　〔1問　9点〕

① 300m　500m

② 800m　800m

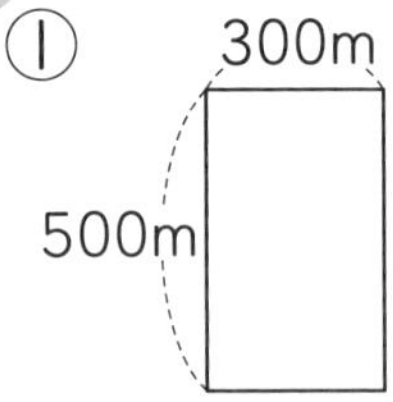

式　500×300＝150000
150000m²＝

答え（　　　　　）　　　答え（　　　　　）

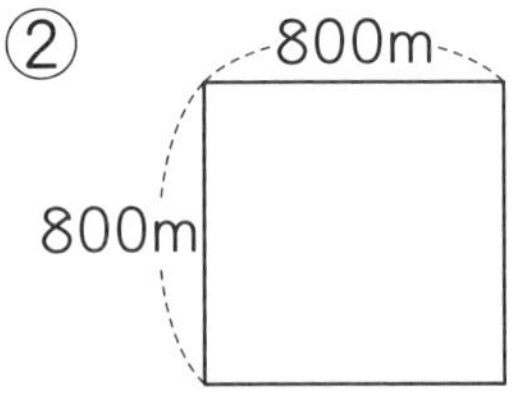

©くもん出版

面積の単位を整理しておぼえておこう。

とく点　　点

単位の関係

始め

時　分

▼

終わり

時　分

むずかしさ
★★

月　日　名前

1 1辺の長さが次のような正方形の面積の単位を（　）に書きましょう。

〔1問　4点〕

① 1辺が1cmの正方形の面積

1（　　　）

② 1辺が1mの正方形の面積

1（　　　）

③ 1辺が10mの正方形の面積

100m²

または

1（　　　）

④ 1辺が100mの正方形の面積

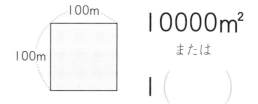

10000m²

または

1（　　　）

⑤ 1辺が1kmの正方形の面積

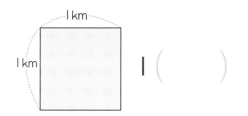

1（　　　）

2 面積の単位は，長さの単位をもとにして決められています。

〔1問　全部できて6点〕

① 次の表は，長さと面積の関係を表したものです。あいているらんにあてはまる長さや面積を書きましょう。

1辺の長さ	1cm	1m	ⓘ	ⓤ	1km (1000m)
正方形の面積	1cm²	ⓐ	1a (100m²)	1ha (10000m²)	1km² (1000000m²)

② 正方形の1辺の長さが10倍になると，正方形の面積は何倍になりますか。

（　　　）

3 正方形の1辺の長さと面積の関係をしめした下の図の（　）にあてはまる数を書きましょう。〔1問　4点〕

1辺の長さ

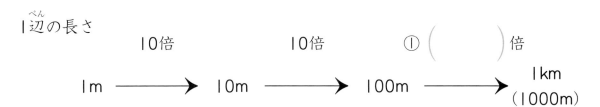

	10倍		10倍		①（　　）倍	
1m	→	10m	→	100m	→	1km（1000m）

正方形の面積

$1m^2$	→	1a（$100m^2$）	→	1ha（$10000m^2$）	→	$1km^2$（$1000000m^2$）
	②（　　）倍		③（　　）倍		100倍	

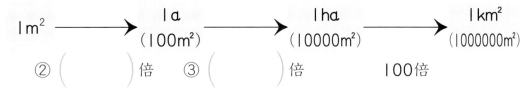

4 □にあてはまる数を書きましょう。〔1問　4点〕

① $1m^2$＝□cm^2　② $10000cm^2$＝□m^2

③ 1a＝□m^2　④ $100m^2$＝□a

⑤ 1ha＝□m^2　⑥ $10000m^2$＝□ha

⑦ 1ha＝□a　⑧ 100a＝□ha

⑨ $1km^2$＝□m^2　⑩ $1000000m^2$＝□km^2

⑪ $1km^2$＝□ha　⑫ 100ha＝□km^2

⑬ $1km^2$＝□a　⑭ 10000a＝□km^2

正方形の，1辺の長さと面積の単位間の関係を考えてみよう。

とく点　点

24 三角形と角 ①

月　日　名前

1 角の大きさ（角度ともいう）を分度器ではかりました。次の⑧の角の大きさは何度ですか。（1度は1°とも書きます。） 〔1問　5点〕

①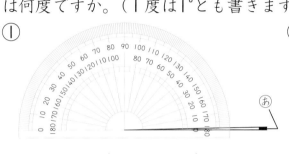

（　　　　）

②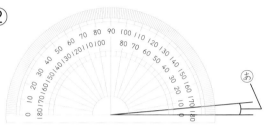

（　　　　）

③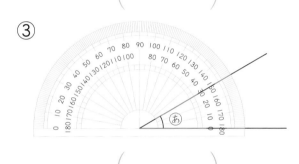

（　　　　）

④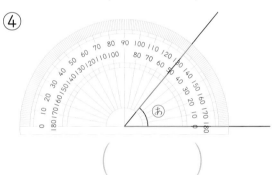

（　　　　）

⑤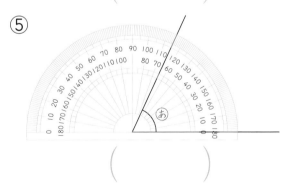

（　　　　）

⑥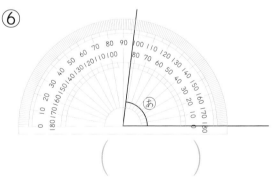

（　　　　）

⑦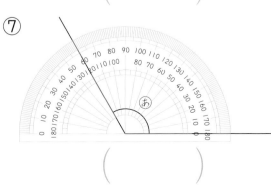

（　　　　）

⑧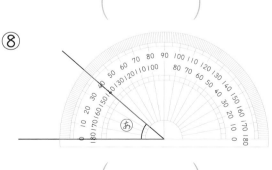

（　　　　）

2 分度器を使って，次の⑧の角度をはかり，（　）に書きましょう。

〔1問　6点〕

① 目もりが読みにくいときは辺をのばしてはかります。

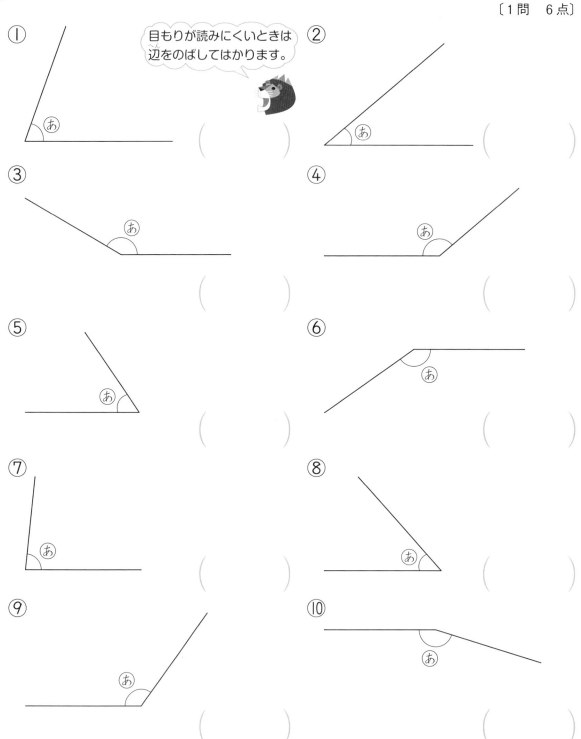

身近にあるいろいろな角の大きさも，分度器ではかってみよう。

とく点　　　点

三角形と角 ②

むずかしさ
★★

月　　日　名前

おぼえておこう

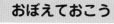

	半回転の角	1回転の角
直角＝90°	180°	360°

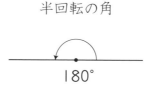

1 次の角で，直角になっている角はどれですか。全部えらんで，あ〜かの記号を（　）に書きましょう。　　　　　〔全部できて7点〕

あ

い

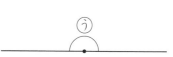

う

え

お

か

（　　　　　　　）

2 次のあの角度を，**れい**のようにしてもとめましょう。　〔1問　8点〕

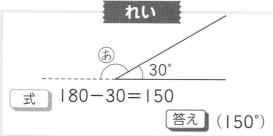

れい

あ　30°

式　180−30＝150

答え（150°）

①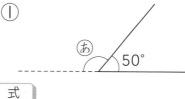

あ　50°

式

答え（　　　　　　　）

②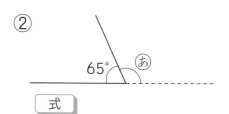

65°　あ

式

答え（　　　　　　　）

③

あ　126°

式

答え（　　　　　　　）

3 次の圏の角度を, ┃**れい**┃のようにしてもとめましょう。　〔1問　7点〕

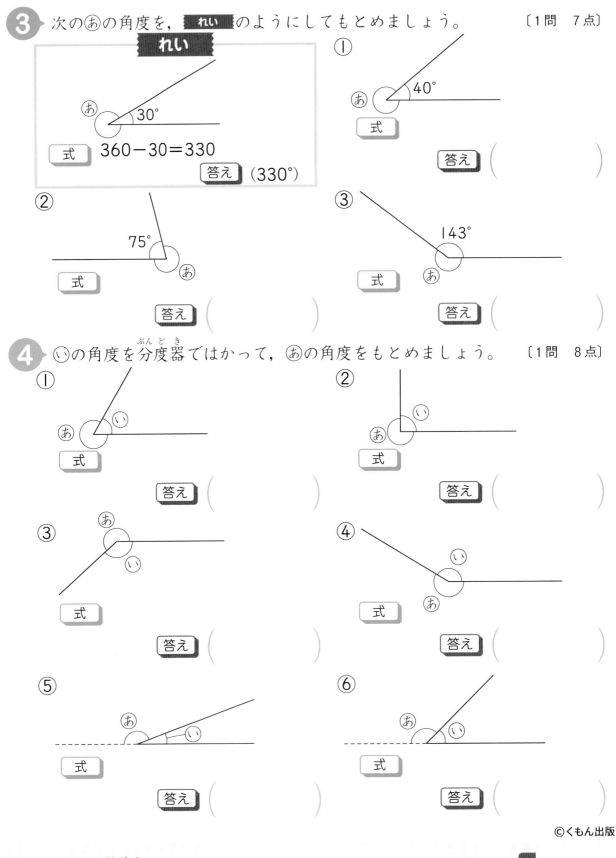

┃**れい**┃

式　$360-30=330$

答え　$(330°)$

① 40°

式

答え　(　　　　)

② 75°

式

答え　(　　　　)

③ 143°

式

答え　(　　　　)

4 ○の角度を分度器ではかって, 圏の角度をもとめましょう。　〔1問　8点〕

①

式

答え　(　　　　)

②

式

答え　(　　　　)

③

式

答え　(　　　　)

④

式

答え　(　　　　)

⑤

式

答え　(　　　　)

⑥

式

答え　(　　　　)

分度器の下の線を正しくあてて, 角度を正しくはかろう。

とく点

点

26

三角形と角 ③

月　日　名前

始め　時　分
終わり　時　分

むずかしさ ★★

1 次の図の㋐の角度は何度ですか。　〔1問　5点〕

①

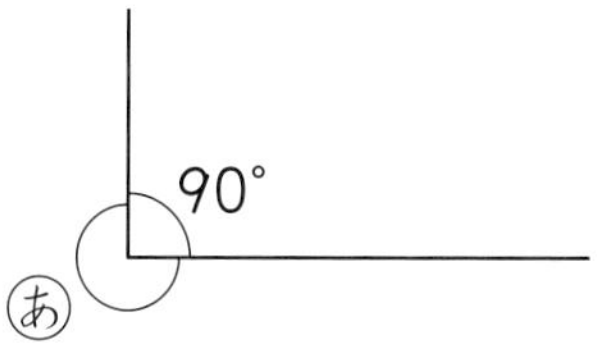

式

答え（　　　）

②

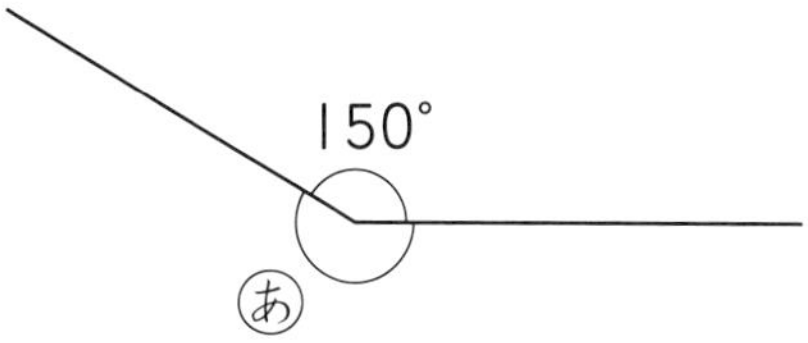

式

答え（　　　）

③

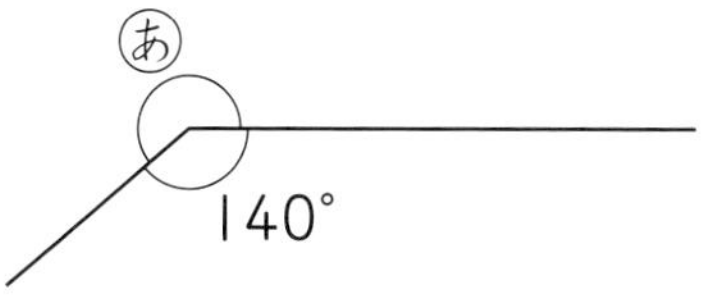

式

答え（　　　）

④

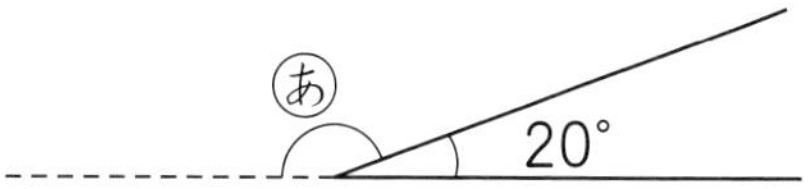

式

答え（　　　）

2 次の図の㋐の角度は何度ですか。　〔1問　5点〕

①

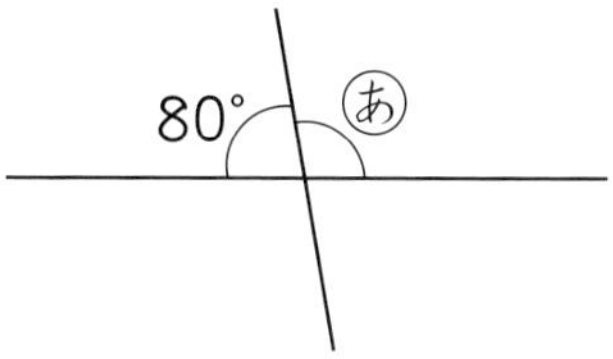

式　180−80=100

答え（　　　）

②

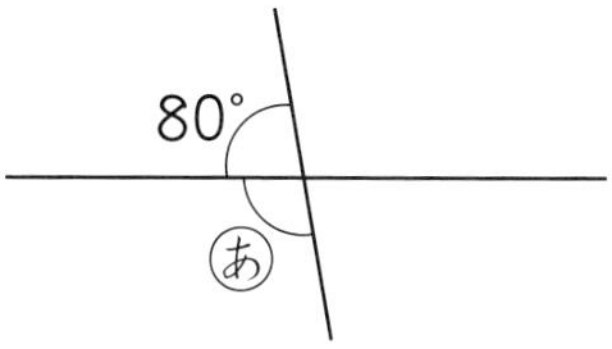

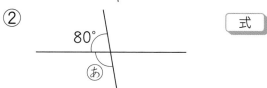

式

答え（　　　）

③

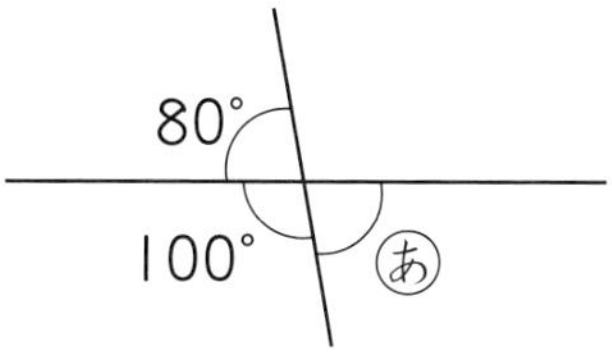

式

答え（　　　）

④

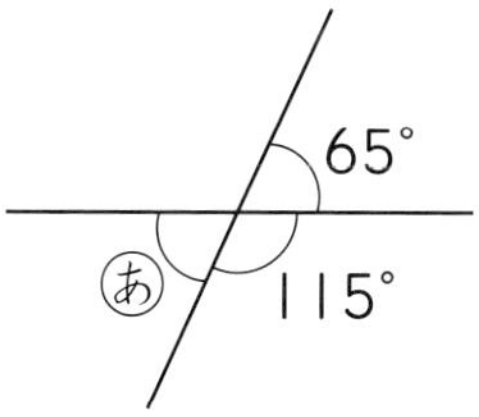

式

答え（　　　）

3 右の図のように，2つの直線が交わってできる角について，次の問題に答えましょう。〔（ ）1つ　5点〕

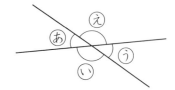

① ㋐〜㋒の角度を分度器ではかりましょう。

㋐ (　　　　　) ㋑ (　　　　　) ㋒ (　　　　　) ㋓ (　　　　　)

② ㋐と同じ大きさの角はどの角ですか。 (　　　　　)

③ ㋑と同じ大きさの角はどの角ですか。 (　　　　　)

4 右の図のように，2つの直線が交わってできる角について，次の問題に答えましょう。〔（ ）1つ　5点〕

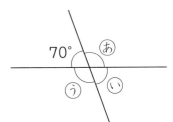

① ㋐〜㋒の角度を計算してもとめましょう。

㋐ 式　　　　　　　　　　　答え (　　　　　)

㋑ 式　　　　　　　　　　　答え (　　　　　)

㋒ 式　　　　　　　　　　　答え (　　　　　)

② ㋐と同じ大きさの角はどの角ですか。 (　　　　　)

5 次の図の㋐の角度は何度ですか。　　　　　〔1問　5点〕

①

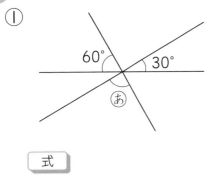

式

答え (　　　　　)

②

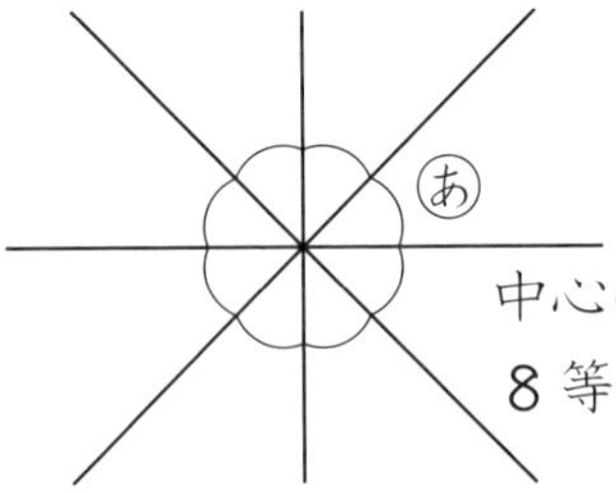

中心のまわりを
8等分しています

式

答え (　　　　　)

答えを書き終わったら，見直しをしよう。まちがいがなくなるよ。

とく点

点

27 三角形と角 ④

月　日　名前

始め　時　分
終わり　時　分

むずかしさ ★★

1 直線アイのアの点に分度器（ぶんどき）の中心を重ねて，次の大きさの角をかきましょう。〔1問　7点〕

① 30°

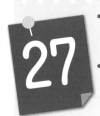

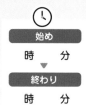

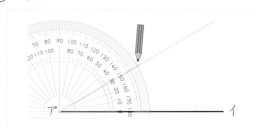

② 65°

ア ―――――――― イ

③ 155°

ア ―――――――― イ

④ 162°

ア ―――――――― イ

2 分度器（ぶんどき）を使って，次の大きさの角をかきましょう。〔1問　8点〕

① 40°

② 75°

③ 155°

④ 162°

3 分度器を使って，次のような三角形をかきましょう。　　〔1問　10点〕

①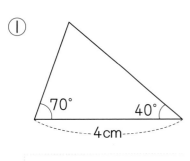

②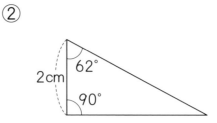

③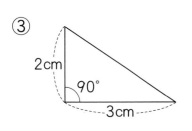

④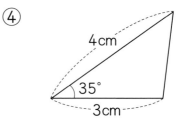

まちがえた問題は，もう一度やり直してみよう。

とく点

点

三角じょうぎの角　①

 始め　時　分
終わり　時　分

 むずかしさ ★★

月　日　名前

おぼえておこう

三角じょうぎの角度は次の組み合わせになっています。

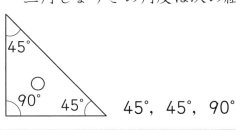　45°, 45°, 90°

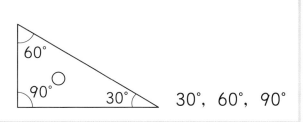　30°, 60°, 90°

1 下の三角じょうぎの角を分度器ではかりましょう。　〔1問　5点〕

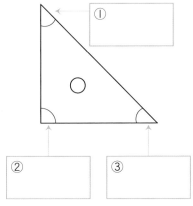

① ② ③

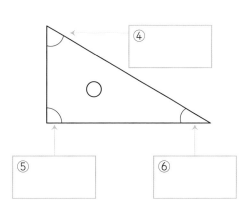

④ ⑤ ⑥

2 下の①, ②の三角じょうぎと同じ形の三角形を, 右のあ～かから全部えらんで, 記号で答えましょう。　〔1問　5点〕

①

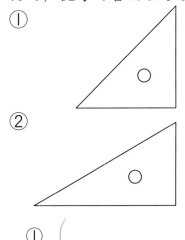

②

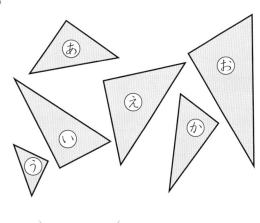

① (　　　　　　　　　)　② (　　　　　　　　　)

3 下の三角じょうぎの①～④の角度は何度ですか。　　　〔1問　5点〕

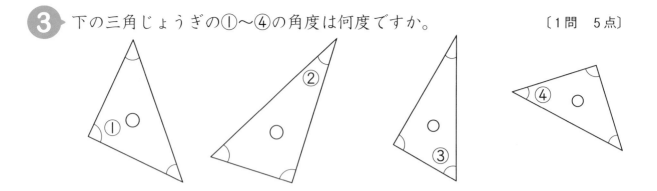

① (　　　　　)　② (　　　　　)　③ (　　　　　)　④ (　　　　　)

4 右の図は2まいの三角じょうぎを組み合わせたものです。　〔1問　10点〕

① ㋐の角度は何度ですか。

式　30＋45＝

答え (　　　　　　　　)

② ㋑の角度は何度ですか。

式

答え (　　　　　　　　)

5 右の図は2まいの三角じょうぎを組み合わせたものです。　〔1問　10点〕

① ㋐の角度は何度ですか。

式

答え (　　　　　　　　)

② ㋑の角度は何度ですか。

式

答え (　　　　　　　　)

まちがえた問題は，もう一度やり直してみよう。

とく点　　　　点

29 三角じょうぎの角 ②

始め　時　分
▼
終わり　時　分

むずかしさ
★★

月　日　名前

1 右の図は2まいの三角じょうぎを組み合わせたものです。　〔1問　8点〕

① ㋐の角度は何度ですか。

式　90−45＝

答え　（　　　　　　　　）

② ㋑の角度は何度ですか。

式

答え　（　　　　　　　　）

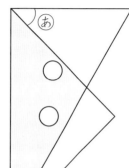

2 下の図は2まいの三角じょうぎを組み合わせたものです。㋐〜㋓の角度は何度ですか。　〔1問　9点〕

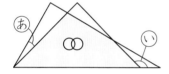

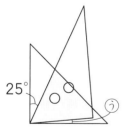

25°

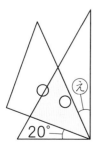

20°

㋐　式

答え　（　　　　　　　　）

㋑　式

答え　（　　　　　　　　）

㋒　式

答え　（　　　　　　　　）

㋓　式

答え　（　　　　　　　　）

3 下の図は2まいの三角じょうぎを組み合わせたものです。あの角度を答えましょう。

〔1問 8点〕

①

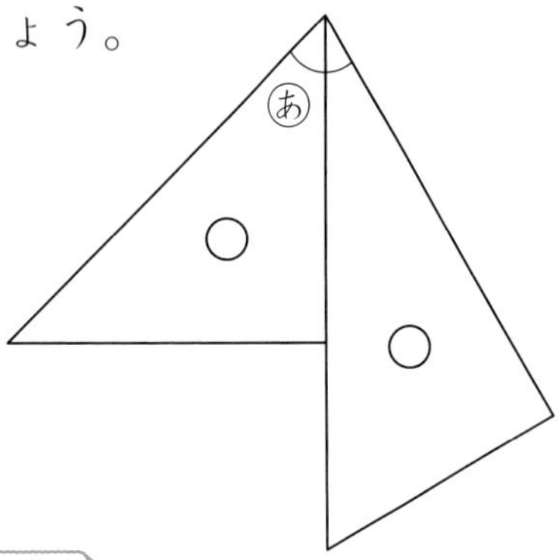

式 ☐

答え（　　　　　）

②

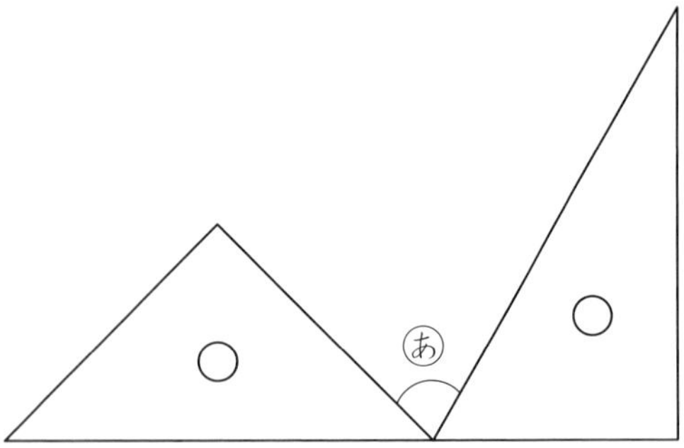

式 ☐

答え（　　　　　）

③

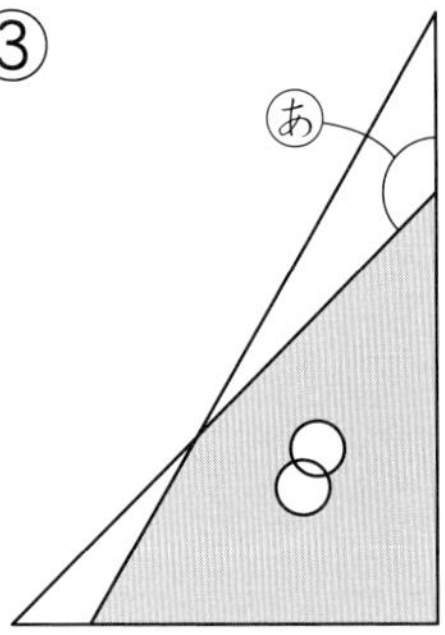

式 ☐

答え（　　　　　）

④

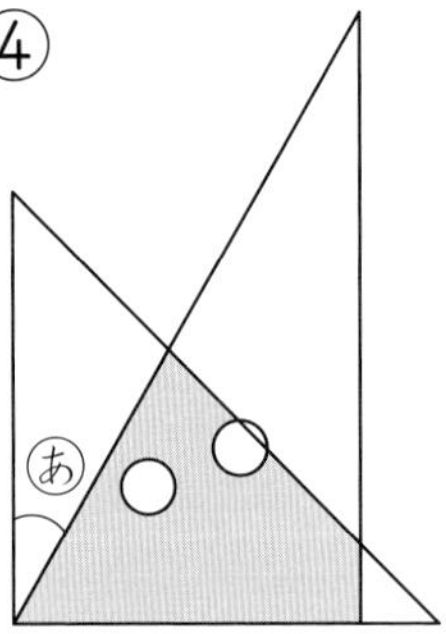

式 ☐

答え（　　　　　）

⑤

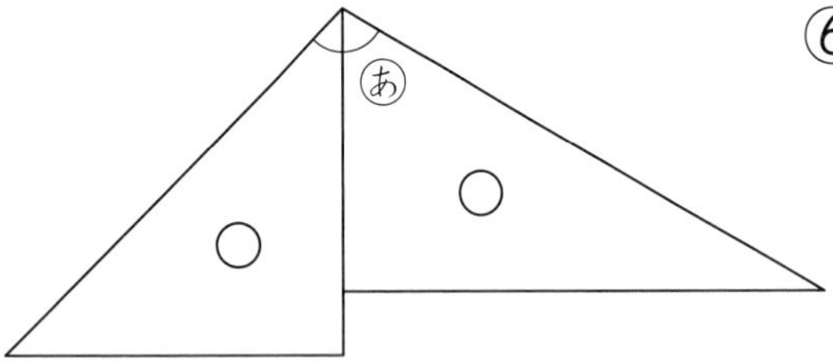

式 ☐

答え（　　　　　）

⑥

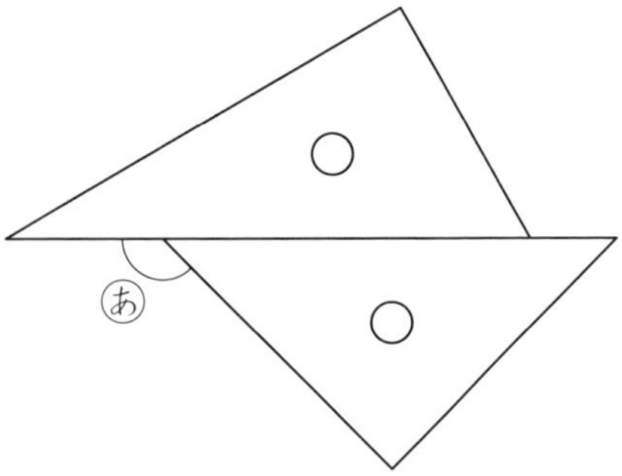

式 ☐

答え（　　　　　）

© くもん出版

まちがえた問題はやり直して，どこでまちがえたのか，よくたしかめておこう。

点

月　　日　　名前

1 下の図のように，2本の直線が交わってできる㋐〜㋐の角のうち，直角になっているのはどの角ですか。全部えらんで記号で答えましょう。

〔全部できて20点〕

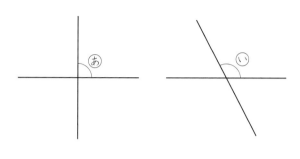
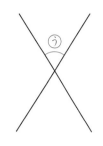
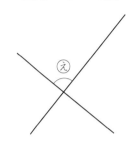

（　　　　　　）

おぼえておこう

● 直角に交わる2本の直線は，**垂直**であるといいます。

すいちょく

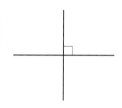
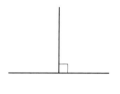

〔 ┼ は直角の
しるしです。〕

2 下の図で，2本の直線が垂直になっているのはどれですか。全部えらんで記号で答えましょう。㋒と㋐は直線をのばして調べましょう。〔全部できて20点〕

すいちょく

㋐　　　　　　　　　㋑　　　　　　　　　㋒　　　　　　　　　㋐

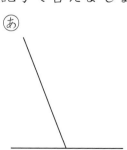
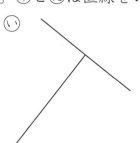
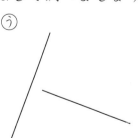
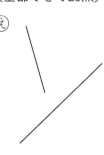

（　　　　　　）

3 右の図で，アの直線に垂直な直線は，カ〜コの直線のうちの，どの直線ですか。全部えらんで記号で答えましょう。

〔全部できて20点〕

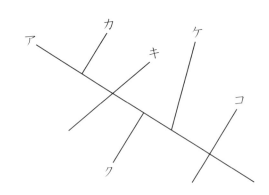

(　　　　　　　　　)

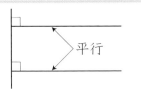
---

4 右の図で，平行になっている直線は，どれとどれですか。平行な直線の組を記号で全部書きましょう。　〔全部できて20点〕

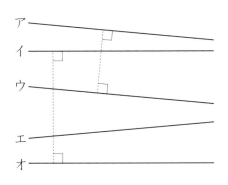

(　　　　　　　　　)

---

5 右の図で，平行な２本の直線の組を調べ，全部書きましょう。　〔全部できて20点〕

(　　　　　　　　　)

平行な２本の直線のはばは，どこも等しくなっています。

身のまわりで垂直なところ，平行なところをさがしてみよう。

とく点

点

垂直と平行 ②

始め
時　分
▼
終わり
時　分

むずかしさ
★★

月　日　名前

1 右の図の直線ア，イ，ウは平行です。平行な直線は，ほかの直線と等しい角度で交わります。〔1問　全部できて5点〕

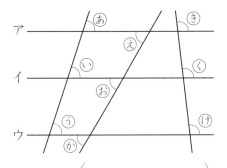

① あの角と等しい角度の角はどの角とどの角ですか。

(ⓘ , ⓤ)

② えの角と等しい角度の角はどの角とどの角ですか。 (　　　，　　　)

③ きの角と等しい角度の角はどの角とどの角ですか。 (　　　，　　　)

2 右の図のように，平行な直線ア，イに直線ウが交わっています。角度が等しい角の組を2組書きましょう。〔全部できて10点〕

(あとうとおとき , 　　　　　　)

3 右の図のように，平行な直線ア，イに直線ウが交わっています。直線エオの長さは5cm，あの角度は70°です。〔1問　5点〕

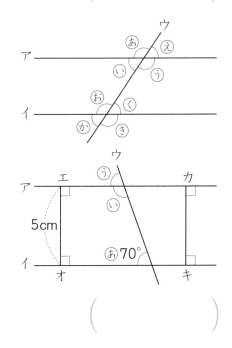

① 直線カキの長さは何cmですか。

(　　　　　　)

② うの角度は何度ですか。 (　　　　　　)

③ いの角度は何度ですか。

　式

　答え (　　　　　　)

④ あといの角度の和は，何度になりますか。

　式

　答え (　　　　　　)

4 右下の図で，アとイの直線は平行で，⑧の角度は120°です。　〔1問　5点〕

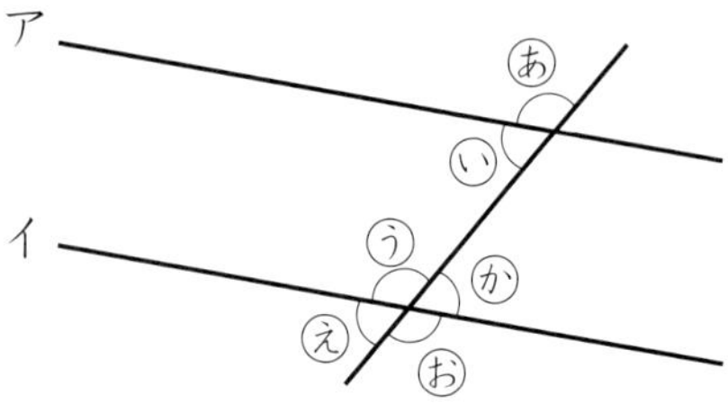

① ⑧の角と等しい角度の角はどの角とどの角
ですか。　　　　　　　　（　　　　　　　　　　）

② ⓘの角度は何度ですか。

〔式〕　　　　　〔答え〕（　　　　　　　　　　）

③ ⓘの角と等しい角度の角はどの角とどの角ですか。

（　　　　　　　　　　）

④ ⓘとⓤの角度の和は何度になりますか。

〔式〕　　　　　　　　　　〔答え〕（　　　　　　　　　　）

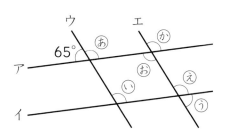

5 右の図で，アとイの直線，ウとエの直線は
それぞれ平行です。　　〔1問　全部できて7点〕

① ⓘの角と等しい角度の角はどの角ですか。
全部書きましょう。（　　　　　　　　　　）

② ⓘの角度は何度ですか。

〔式〕　　　　　　　　　　〔答え〕（　　　　　　　　　　）

③ 65°になっている角はどの角ですか。

（　　　　　　　　　　）

6 下の図について，次の問題に答えましょう。　　〔1問　全部できて7点〕

⑧ （長方形）　　　　ⓘ （正方形） 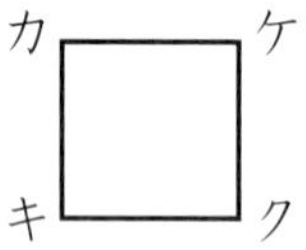　　　　ⓤ （直角三角形）

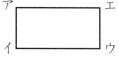

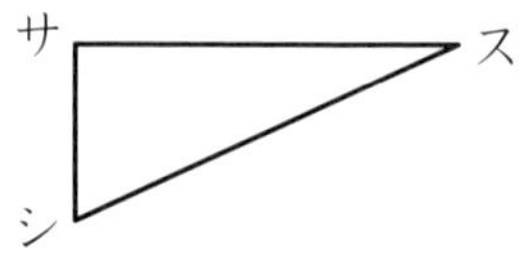

① 垂直（すいちょく）になっているところすべてに，直角のしるし（└）をかき入れましょう。
② ⑧〜ⓤの図で，平行になっている辺はどの辺とどの辺ですか。全部書き
ましょう。（辺アイと辺エウ，　　　　　　　　　　）

答えを書き終わったら，見直しをしよう。まちが
いがなくなるよ。

とく点　　　点

垂直と平行 ③

月　日　名前

1 右の れい のようにして，点イを通って直線アに垂直な直線をひきましょう。　〔1問　9点〕

れい

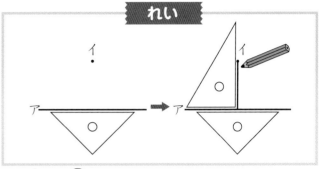

①

②

ア────●────　　　　　　　　　　イ

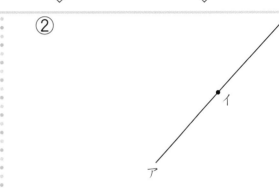

③

イ ●

④

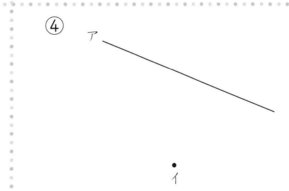

● イ

2 右の図の三角形で，それぞれの辺のまん中の点を通る垂直な直線をひきましょう。　〔全部できて10点〕

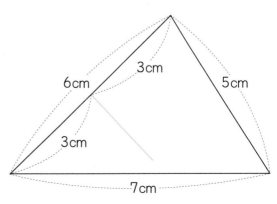

③ 右の れい のように
して，点イを通って直線
アに平行な直線をひきま
しょう。　〔1問　9点〕

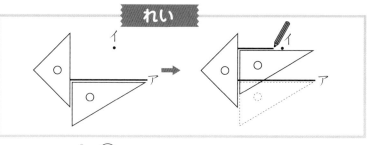

①

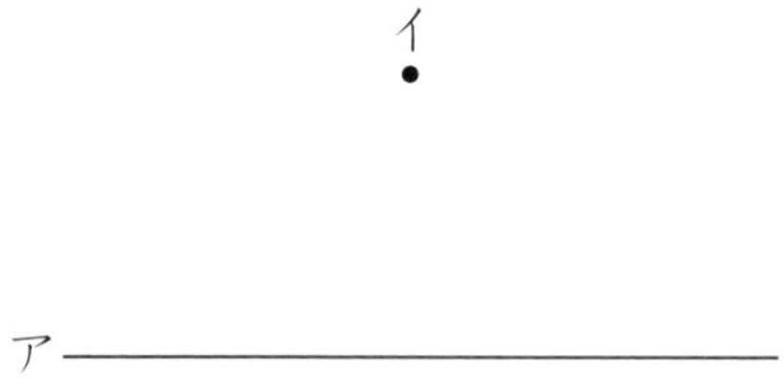

・イ

ア——————————

②

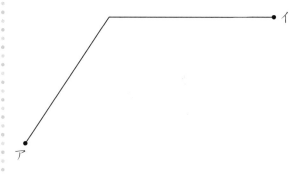

〔1問　9点〕

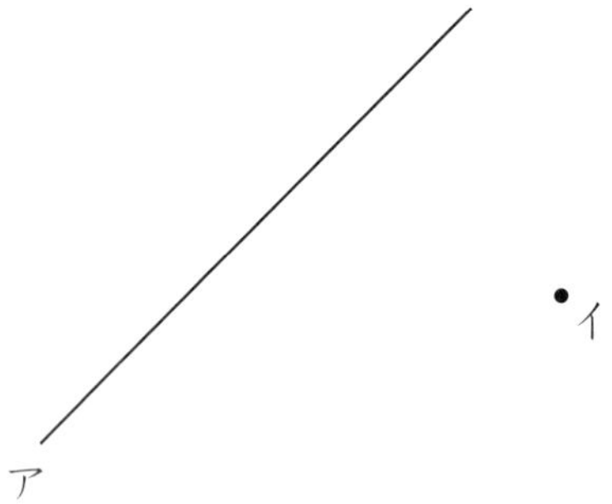

④ 次の図をかきましょう。

① 直線アに平行で，間のはばが
2cmである2本の直線

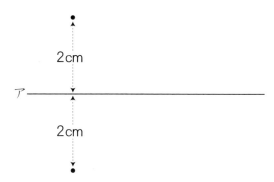

② 点イを通り直線アに平行な直線，
点アを通り直線イに平行な直線を
辺とする四角形

⑤ 2まいの三角じょうぎを使って，次の正方形と長方形をかきましょう。

〔1問　9点〕

① 1辺が3cmの正方形

② たて3cm，横4cmの長方形

垂直や平行な直線のあるいろいろな図形をかいて
みよう。

とく点

点

四角形　①

むずかしさ
★★

月　　日　　名前

おぼえておこう

●向かいあった１組の辺が平行な四角形を**台形**といいます。

平行

台　形

1 次の図の四角形は台形です。平行な辺は，どの辺とどの辺ですか。

〔1問　10点〕

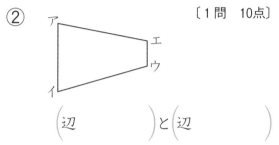

① ア　エ　イ　ウ

（辺　　　　）と（辺　　　　）

② ア　エ　ウ　イ

（辺　　　　）と（辺　　　　）

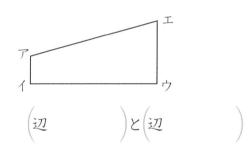

③ ア　エ　イ　ウ

（辺　　　　）と（辺　　　　）

④ エ　ア　イ　ウ

（辺　　　　）と（辺　　　　）

2 次の図のうち，台形はどれですか。全部えらんで記号で答えましょう。

〔全部できて15点〕

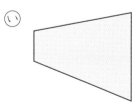

あ

い

う

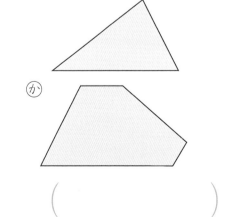

え

お

か

（　　　　　）

3 右の のように，2本
の平行な直線と，それと交わる
2本の直線をひいて，次のよう
な台形をかきましょう。

〔1問 15点〕

①
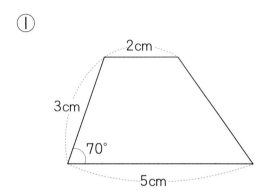

②
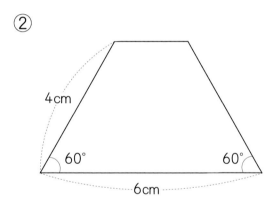

③
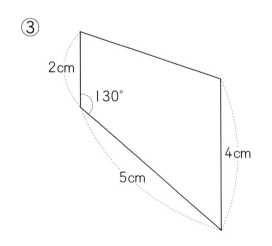

問題のほかにも，いろいろな形の台形をかいてみよう。

とく点

点

34

四角形 ②

月　日　名前

おぼえておこう

● 向かいあった 2 組の辺がどちらも平行な
四角形を**平行四辺形**といいます。

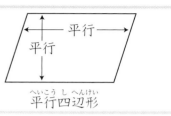

平行四辺形

1 次の図の四角形は平行四辺形です。平行な辺は，どの辺とどの辺ですか。
全部書きましょう。　　　　　　　　　　　　　　　〔1問　全部できて6点〕

①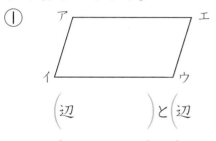

②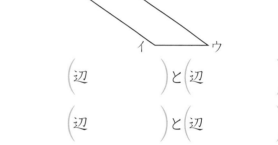

（辺　　　　）と（辺　　　　）　　　　（辺　　　　）と（辺　　　　）

（辺　　　　）と（辺　　　　）　　　　（辺　　　　）と（辺　　　　）

2 次の図のうち，平行四辺形はどれですか。全部えらんで記号で答えましょう。
　　　　　　　　　　　　　　　　　　　　　　　　〔全部できて10点〕

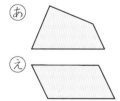

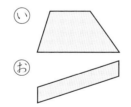

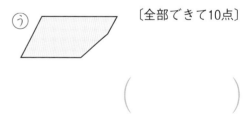

（　　　　　　　　）

3 平行四辺形は，向かいあった辺の長さや，向かいあった角の大きさが等し
くなっています。　　　　　　　　　　　　　　　　〔1問　6点〕

① 辺イウの長さは何cmですか。（　　　　　　　）

② 辺ウエの長さは何cmですか。（　　　　　　　）

③ 角あの大きさは何度ですか。（　　　　　　　）

④ 角いの大きさは何度ですか。（　　　　　　　）

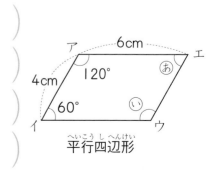

平行四辺形

4 右の図のような平行四辺形について，次の問題に答えましょう。

〔1問　6点〕

① 辺アイの長さは何cmですか。（　　　　　　）

② 辺アエの長さは何cmですか。（　　　　　　）

③ 角あの大きさは何度ですか。（　　　　　　）

④ 角いの大きさは何度ですか。（　　　　　　）

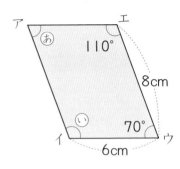

5 右の れい のように，2組の平行な直線をひいて，次のような平行四辺形をかきましょう。

〔1問　15点〕

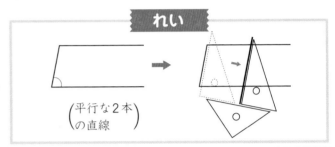

れい

（平行な2本の直線）

①

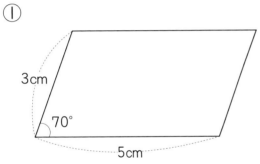

②

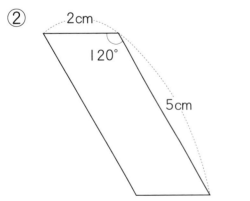

©くもん出版

問題のほかにも，いろいろな形の平行四辺形をかいてみよう。

とく点

点

35

四角形 ③

月　日　名前

おぼえておこう

● 4つの辺の長さがどれも等しい四角形を
ひし形といいます。

等しい

ひし形

1 次の図のうち，ひし形はどれですか。全部えらんで記号で答えましょう。

〔全部できて8点〕

あ

い

う

え

お

（　　　　　　　　　）

2 ひし形も平行四辺形と同じように，向かい
あった辺は平行で，向かいあった角の大きさ
が等しくなっています。〔1問　全部できて8点〕

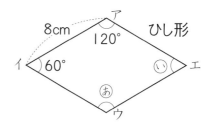
8cm　　ア　ひし形
120°
イ　60°　　い　エ
あ
ウ

① 辺イウ，ウエ，エアの長さはそれぞれ
何cmですか。

辺イウ（　　　　　） 辺ウエ（　　　　　） 辺エア（　　　　　）

② 辺アイに平行な辺はどれですか。

（　　　　　）

③ 辺イウに平行な辺はどれですか。

（　　　　　）

④ 角あの大きさは何度ですか。

（　　　　　）

⑤ 角いの大きさは何度ですか。

（　　　　　）

3 平行四辺形のかき方と同じようにして，次のようなひし形をかきましょう。

〔1問　10点〕

①

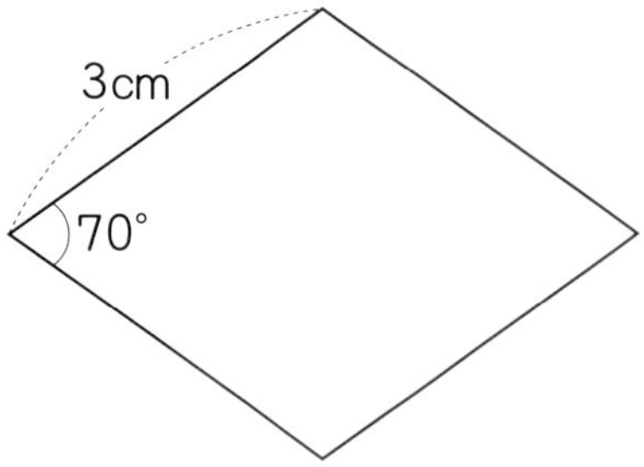

②

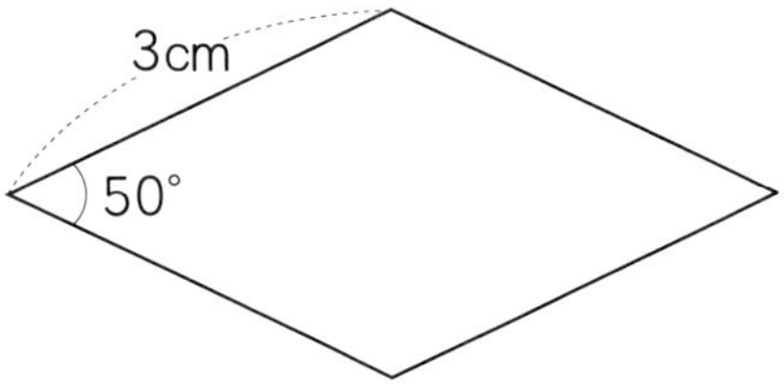

4 下の図の四角形について，次の問題にあ～おの記号で答えましょう。

〔1問　全部できて8点〕

あ(正方形)　い(長方形)　う(台形)　え(平行四辺形)　お(ひし形)

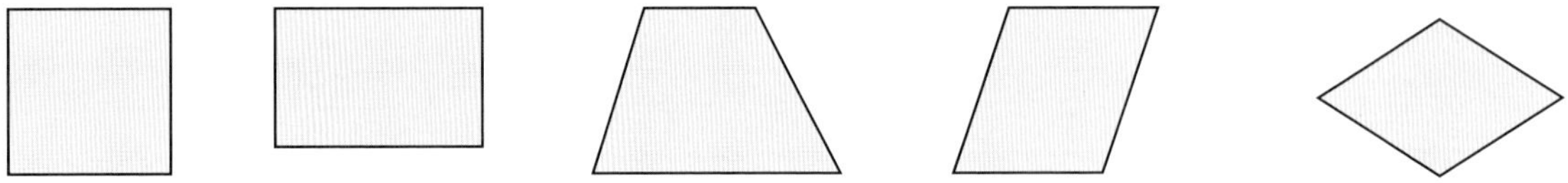

① 向かいあった2組の辺の長さがそれぞれ等しい四角形はどれですか。 (　　　　)

② 4つの角の大きさがどれも等しい四角形はどれですか。 (　　　　)

③ 向かいあった2組の辺がそれぞれ平行になっている四角形はどれですか。 (　　　　)

④ 4つの辺の長さがどれも等しい四角形はどれですか。 (　　　　)

答えを書き終わったら，見直しをしよう。まちがいがなくなるよ。

とく点　　点

36

四角形　④

始め
時　分
▼
終わり
時　分

むずかしさ
★★

名前

1 れい のように，次の四角形の向かいあった頂点を直線でつなぎましょう。

〔1問　5点〕

れい

① ② 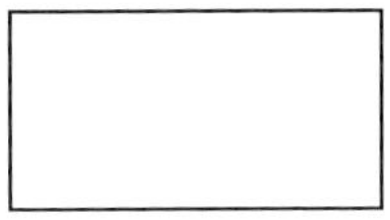 ③ ④ ⑤

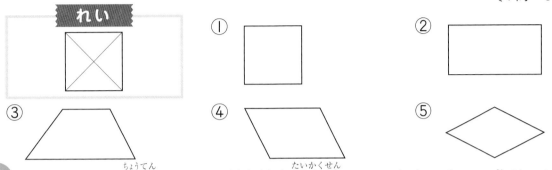

2 向かいあった頂点をつないだ直線を**対角線**といいます。次の四角形の対角線について，次の問題にあ～おの記号で答えましょう。〔1問　全部できて5点〕

あ 正方形　　い 長方形　　う 台形　　え 平行四辺形　　お ひし形

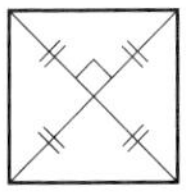

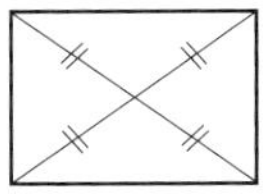

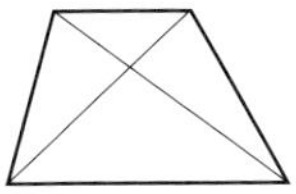

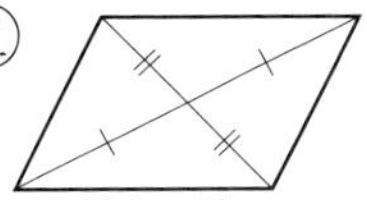

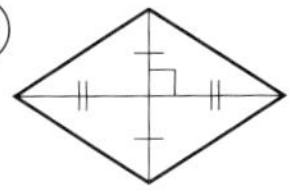

①　2本の対角線の長さが等しい四角形はどれですか。

（　　　　　　　　　）

②　2本の対角線がそれぞれのまん中の点で交わる四角形はどれですか。

（　　　　　　　　　）

③　2本の対角線が垂直で，それぞれのまん中の点で交わる四角形はどれですか。

（　　　　　　　　　）

3 次の図で，2本の直線を対角線として四角形をかくと，何という四角形ができますか。

〔1問　5点〕

① ② ③

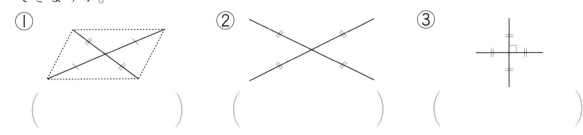

（　　　　　　　）　　　　　（　　　　　　　）　　　　　（　　　　　　　）

④ 右の図のような平行四辺形について，次の問題
に答えましょう。 〔1問 5点〕

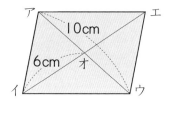

① 直線オエの長さは
何cmですか。 （　　　　　　　　）

② 対角線イエの長さは何cmですか。

（　　　　　　　　）

③ 直線オウの長さは何cmですか。

（　　　　　　　　）

⑤ 次の図のように，四角形を2本の対角線で分けてできるいちばん小さい三
角形は何という三角形ですか。 〔1問 5点〕

① ひし形

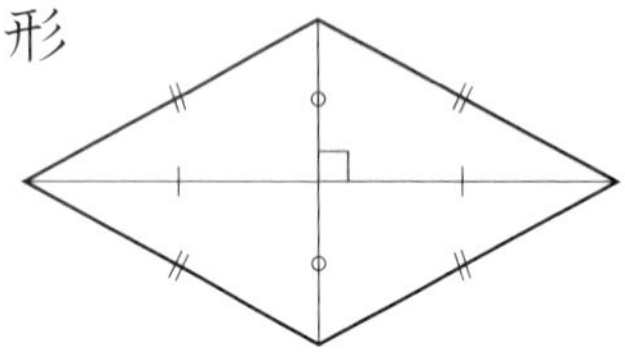

（　　　　　　　　）

② 長方形

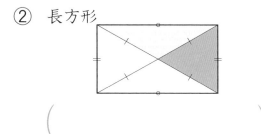

（　　　　　　　　）

③ 正方形

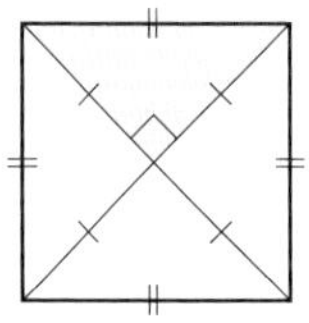

（　　　　　　　　）

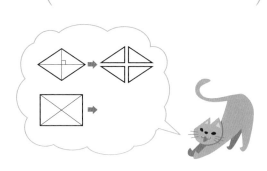

⑥ 2本の対角線の長さが，3cm
と5cmのひし形をかきましょう。

〔15点〕

まちがえた問題は，もう一度やり直してみよう。

とく点

点

直方体と立方体 ①

月　日　名前

おぼえておこう

● 長方形だけでかこまれたはこの形や，長方形と正方形でかこまれたはこの形を**直方体**といいます。

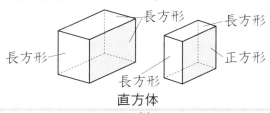

長方形　長方形　長方形　正方形　長方形

直方体

● 正方形だけでかこまれたはこの形を**立方体**といいます。

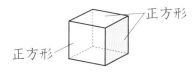

正方形　正方形

立方体

1 平らな面のことを**平面**といいます。下の図は，平面でかこまれているはこの形です。このうち，直方体はどれですか。また，立方体はどれですか。あてはまるものを全部えらんで記号で答えましょう。　〔1問　全部できて6点〕

あ 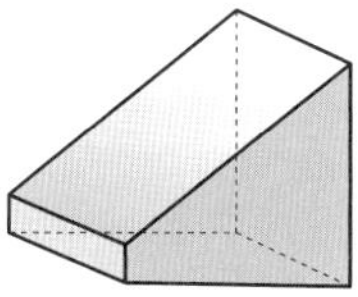
い
う

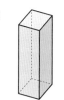

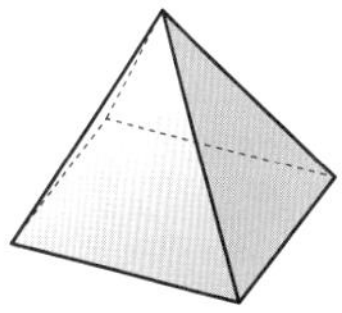

え 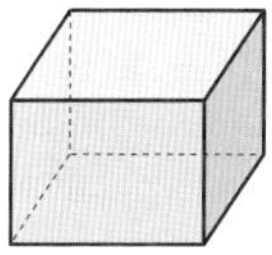
お
か

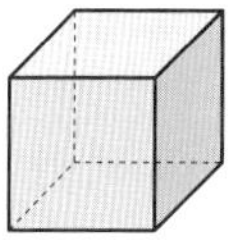

①　直方体（　　　　　）　②　立方体（　　　　　）

2 直方体や立方体の面の数や辺の数，頂点の数をそれぞれ調べて，右下の表に書きましょう。　〔□1つ　6点〕

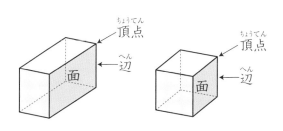

頂点　辺　面　頂点　辺　面

	直方体	立方体
面 の 数		
辺 の 数		
頂点の数		

3 右の図は，たて6cm，横8cm，高さ3cmの直方体です。 〔1問 全部できて6点〕

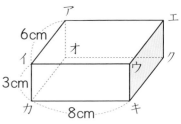

① 辺アイと同じ長さの辺はどれですか。あてはまるものを全部書きましょう。

（辺　　　　　）と（辺　　　　　）と（辺　　　　　）

② 辺アエと同じ長さの辺はどれですか。あてはまるものを全部書きましょう。

（辺　　　　　）と（辺　　　　　）と（辺　　　　　）

③ 辺アオと同じ長さの辺はどれですか。あてはまるものを全部書きましょう。

（辺　　　　　）と（辺　　　　　）と（辺　　　　　）

④ たて3cm，横6cmの面はいくつありますか。 （　　　　　）

⑤ たて3cm，横8cmの面はいくつありますか。 （　　　　　）

⑥ たて6cm，横8cmの面はいくつありますか。 （　　　　　）

4 右下の図は，1辺が4cmの立方体です。 〔1問 全部できて8点〕

① 辺アイと同じ長さの辺はどれですか。あてはまるものを全部書きましょう。

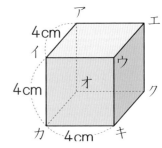

② 1辺が4cmの正方形の面はいくつありますか。 （　　　　　）

©くもん出版

身のまわりにあるもので，直方体や立方体のものをさがしてみよう。

とく点

点

始め
時　分
▼
終わり
時　分

名前

月　日

---

1 右の直方体について，次の問題に答えましょう。

〔1問　全部できて8点〕

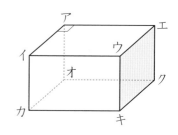

① 辺アイと辺アエは垂直です。頂点アを通って，辺アイに垂直な辺はどれですか。あてはまるものを全部書きましょう。

$$\left(辺 \quad アエ \quad\right)と\left(辺 \qquad\right)$$

② 辺イカに垂直な辺はどれですか。全部書きましょう。

$$\left(辺 \qquad\right)と\left(辺 \qquad\right)と\left(辺 \qquad\right)と\left(辺 \qquad\right)$$

③ 辺アイと辺エウは平行です。辺アイに平行な辺はどれですか。全部書きましょう。

$$\left(辺 \quad エウ \quad\right)と\left(辺 \qquad\right)と\left(辺 \qquad\right)$$

④ 辺イウに平行な辺はどれですか。全部書きましょう。

$$\left(辺 \qquad\right)と\left(辺 \qquad\right)と\left(辺 \qquad\right)$$

---

2 右の直方体について，次の問題に答えましょう。

〔1問　全部できて8点〕

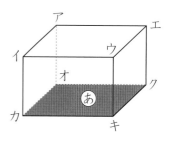

① 辺アオはあの面（オカキク）に垂直です。あの面に垂直な辺はどれですか。あてはまるものを全部書きましょう。

$$\left(辺 \quad アオ \quad\right)と\left(辺 \qquad\right)と\left(辺 \qquad\right)と\left(辺 \qquad\right)$$

② 面イカキウに垂直な辺はどれですか。全部書きましょう。

$$\left(辺 \qquad\right)と\left(辺 \qquad\right)と\left(辺 \qquad\right)と\left(辺 \qquad\right)$$

3 右の図の直方体について、次の問題に答えましょう。

〔1問 全部できて8点〕

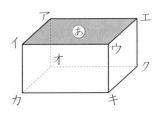

① ⑥の面（アイウエ）と面アオカイは垂直です。⑥の面に垂直な面はどれですか。あてはまるものを全部書きましょう。

（面 アオカイ）と（面　　　　）と（面　　　　）と（面　　　　）

② 面アオカイに垂直な面はどれですか。あてはまるものを全部書きましょう。

（面　　　　）と（面　　　　）と（面　　　　）と（面　　　　）

③ 面イカキウに垂直な面はどれですか。あてはまるものを全部書きましょう。

（面　　　　）と（面　　　　）と（面　　　　）と（面　　　　）

4 右下の図の直方体で、⑥の面（アイウエ）と面オカキクは平行です。

〔1問　6点〕

① 面アオカイと平行な面はどの面ですか。

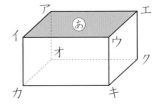

（面　　　　）

② 面イカキウと平行な面はどの面ですか。

（面　　　　）

5 右の図の直方体で、⑥の面（オカキク）に平行な辺は、面アイウエのすべての辺（アイ、イウ、ウエ、エア）です。

〔1問 全部できて8点〕

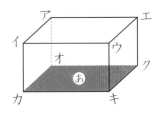

① 面アオカイに平行な辺はどれですか。あてはまるものを全部書きましょう。

（辺　　　　）と（辺　　　　）と（辺　　　　）と（辺　　　　）

② 面イカキウに平行な辺はどれですか。あてはまるものを全部書きましょう。

（辺　　　　）と（辺　　　　）と（辺　　　　）と（辺　　　　）

全部できたかな。まちがえた問題は、もう一度やり直してみよう。

とく点　　点

直方体と立方体 ③

月　日　名前

1 次の見取図で表される直方体を辺にそって切り開き，**てん開図**にかきました。あと◯のうち，正しいほうに◯をつけましょう。　〔1問　8点〕

①

あ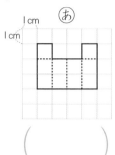

◯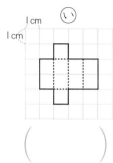

（　　　　）　　　　（　　　　）

② 〔見取図〕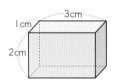

あ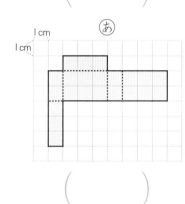

◯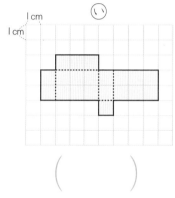

（　　　　）　　　　（　　　　）

2 次のてん開図を組み立ててできる形について，次の問題に答えましょう。
〔1問　全部できて9点〕

あ 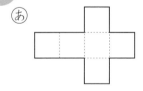　　い 　　う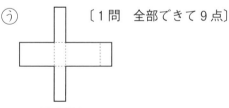

え 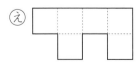　　お 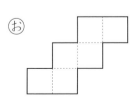　　か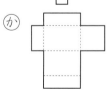

① 直方体ができるてん開図はどれですか。全部を
記号で答えましょう。　　　　　　　　（　　　　　　　　）

② 立方体ができるてん開図はどれですか。全部を
記号で答えましょう。　　　　　　　　（　　　　　　　　）

3 右の図は，下の見取図のような，たて12cm，横8cm，高さ5cmの直方体のてん開図です。次の問題に答えましょう。

〔1問　全部できて6点〕

(見取図)　12cm　8cm　5cm

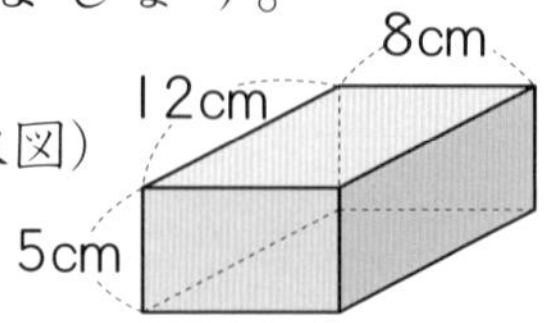

(てん開図)

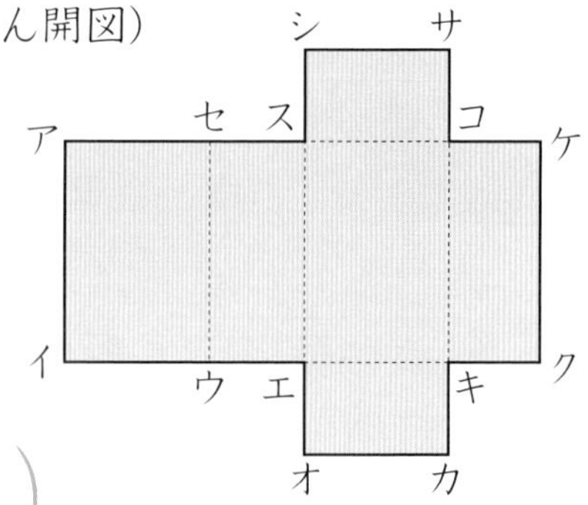

① 辺アイの長さは何cmですか。

(　　　　　)

② 辺カキの長さは何cmですか。

(　　　　　)

③ 直線エキの長さは何cmですか。

(　　　　　)

④ 辺アイと重なる辺はどの辺ですか。

(　辺　　　　)

⑤ 辺エオと重なる辺はどの辺ですか。

(　辺　　　　)

⑥ 辺キクと重なる辺はどの辺ですか。

(　辺　　　　)

⑦ 点ウと重なる点はどの点ですか。

(　点　　　　)

⑧ 点シと重なる点はどの点ですか。

(　点　　　　)

⑨ 点アと重なる点はどの点とどの点ですか。

(　点　　　)と(　点　　　)

⑩ 上のてん開図を組み立てたとき，面サコスシと平行になる面はどの面ですか。

(　面　　　　)

⑪ 上のてん開図を組み立てたとき，面セスエウと垂直になる面はどの面ですか。あてはまるものを全部書きましょう。

(　　　　　　　　　　　　　)

答えを書き終わったら，見直しをしよう。まちがいがなくなるよ。

とく点　　点

直方体と立方体 ④

始め
時　分
終わり
時　分

むずかしさ
★★

月　日　名前

1 次のような見取図で表される直方体や立方体のてん開図をかきましょう。

〔1問　14点〕

①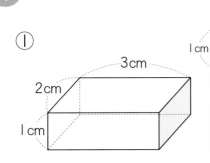

②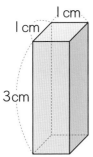

③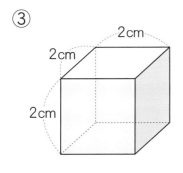

2 次のてん開図を組み立ててできる形の見取図をかきましょう。〔1問 14点〕

① 直方体

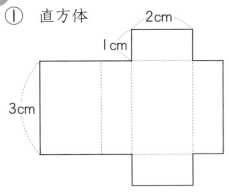

② 立方体

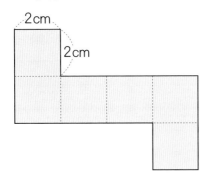

3 たて2cm, 横3cm, 高さ2cmの直方体の見取図とてん開図をかきましょう。

〔見取図〕　　　　　〔てん開図〕　　　　　〔それぞれ 15点〕

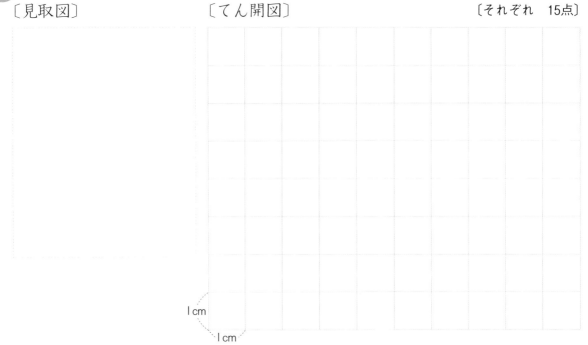

いろいろな直方体や立方体の見取図とてん開図を
かいてみよう。

とく点

点

41 もの位置の表し方 ①

始め
　時　　分
▼
終わり
　時　　分

むずかしさ
★★

月　日　名前

1 下の④の図は，⑦の絵のような庭に植えられている植木の平面上の位置を，もみの木の位置をもとにして表したものです。あ〜この点の位置を，横とたての2つの長さの組で表しましょう。

〔1問　5点〕

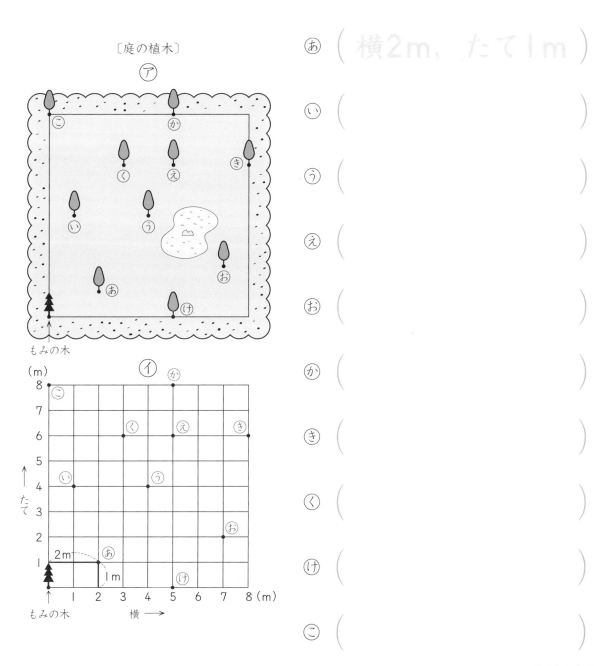

〔庭の植木〕
⑦

もみの木

（m）
④ 　か

たて
横 →
もみの木

あ （ 横2m，たて1m ）

い （　　　　　　　　　）

う （　　　　　　　　　）

え （　　　　　　　　　）

お （　　　　　　　　　）

か （　　　　　　　　　）

き （　　　　　　　　　）

く （　　　　　　　　　）

け （　　　　　　　　　）

こ （　　　　　　　　　）

2 下の図は，そうたさんの町のようすを表したもので，たてと横に道路が通っています。市役所をもとにすると，中学校，小学校，ゆうびん局，駅，図書館はそれぞれどのように表せますか。　　　〔1問　5点〕

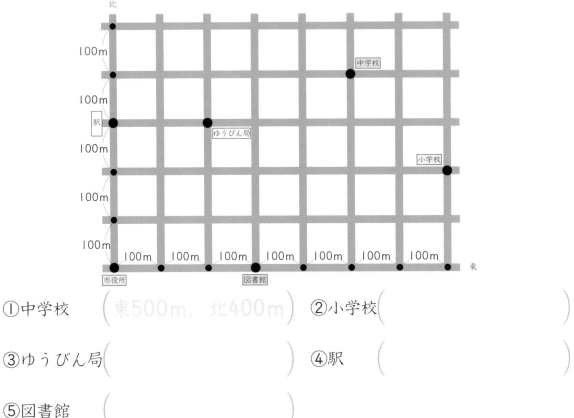

①中学校　（東500m，北400m）　②小学校（　　　　　　　　　）

③ゆうびん局（　　　　　　　　　）　④駅　（　　　　　　　　　）

⑤図書館　（　　　　　　　　　）

3 ① 下の図で，点あをもとにすると，◇，●，☆の位置はそれぞれ，どのように表せますか。　〔1つ　5点〕

◇　（横2，たて8）

●　（　　　　　　　）

☆　（　　　　　　　）

② ○の位置は(横9，たて9)，△の位置は(横2，たて6)です。右の図に○と△の印をつけましょう。
〔1つ　5点〕

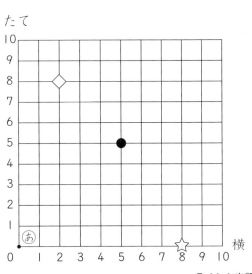

©くもん出版

全部できたかな。まちがえやすい問題は，何回も練習しよう。

とく点

点

もの位置の表し方 ②

月　日　名前

1 下の図は，右の絵のような庭に植えられている植木の位置を，もみの木の位置をもとにして表しています。あ〜きの点の位置を，横，たて，高さの3つの長さの組で表しましょう。

〔1問　5点〕

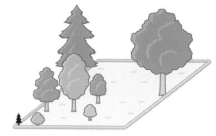

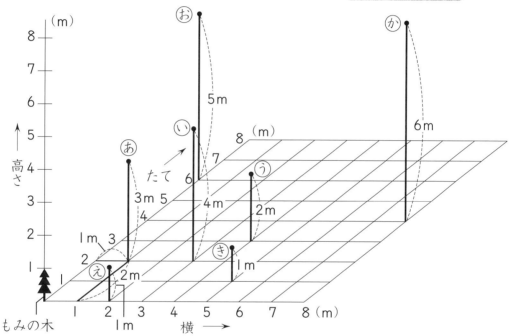

あ（ 横1m, たて2m, 高さ3m ）　　い（　　　　　　　　　）

う（　　　　　　　　　）　　え（　　　　　　　　　）

お（　　　　　　　　　）　　か（　　　　　　　　　）

き（　　　　　　　　　）

2 右下の図で, ●の位置をもとにして, ①～⑥のボールの位置を表しましょう。

〔1問　5点〕

① （　横0, たて0, 高さ1　）

② （　　　　　　　　　　）

③ （　　　　　　　　　　）

④ （　　　　　　　　　　）

⑤ （　　　　　　　　　　）

⑥ （　　　　　　　　　　）

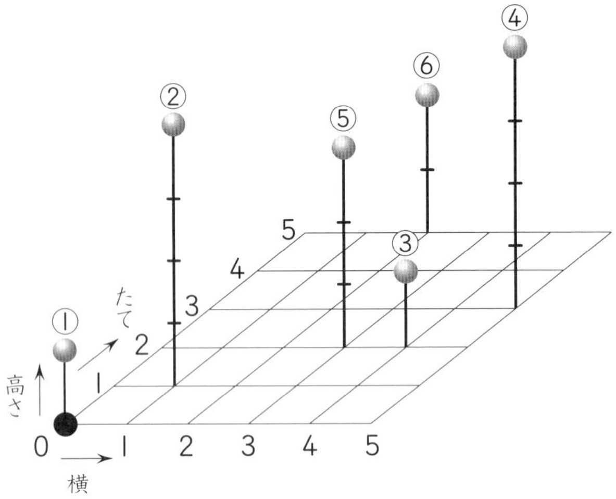

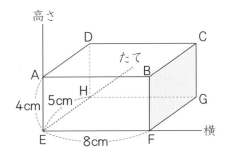

3 右の直方体で, 頂点Eをもとにして, それぞれの頂点の位置を表しましょう。　〔1問　5点〕

①頂点A （　横0cm, たて0cm, 高さ4cm　）

②頂点B （　　　　　　　　　　　　　　）

③頂点C （　　　　　　　　　　　　　　）

④頂点D （　　　　　　　　　　　　　　）

⑤頂点F （　　　　　　　　　　　　　　）

⑥頂点G （　　　　　　　　　　　　　　）

⑦頂点H （　　　　　　　　　　　　　　）

まちがえた問題は, もう一度やり直してみよう。

とく点　　　　　点

43 表とグラフ ①

月　日　名前

1 下の図形を，形と色で分けて，表に数を書きましょう。　〔全部できて25点〕

	四角形	三角形	円	合計
白	4			
黒	3			
合計				

2 下の図で，ぼうしをかぶっているかかぶっていないか，かばんを持っているか持っていないかで分け，人数を表に書きましょう。　〔全部できて25点〕

ぼうし，かばん調べ（人）

	かばんを持っている	かばんを持っていない	合　計
ぼうしをかぶっている	5		
ぼうしをかぶっていない			
合　計			

3 下の表は，みおさんの組で，最近読んだものの中でいちばんおもしろかったものと，それを読んだ場所について調べたものです。

読んだものと場所 〔①全部できて20点・②〜④1問 10点〕

番号	本の種類	読んだ場所
①	まんが	自分の家
②	物語	学校
③	図かん	学校
④	ざっし	自分の家
⑤	まんが	図書館
⑥	童話	図書館
⑦	物語	友だちの家
⑧	まんが	公園
⑨	物語	自分の家
⑩	ざっし	学校
⑪	図かん	図書館
⑫	ざっし	自分の家
⑬	まんが	図書館
⑭	物語	学校
⑮	まんが	友だちの家
⑯	物語	友だちの家

番号	本の種類	読んだ場所
⑰	まんが	友だちの家
⑱	物語	学校
⑲	童話	公園
⑳	物語	図書館
㉑	童話	友だちの家
㉒	ざっし	学校
㉓	図かん	図書館
㉔	図かん	友だちの家
㉕	ざっし	自分の家
㉖	童話	学校
㉗	ざっし	自分の家
㉘	まんが	公園
㉙	ざっし	友だちの家
㉚	物語	自分の家
㉛	図かん	学校

数を調べるには，正の字を書いて数えるのがべんりだよ。

① 上のことがらを，読んだものの種類と読んだ場所で分けて，人数を下の表に書きましょう。

読んだものと場所(人)

	自分の家	学 校	図書館	友だちの家	公 園	合 計
まんが						
物 語						
図かん						
童 話						
ざっし						
合 計						㋐

② 読んだものの種類で，いちばん多かったものは何ですか。（　　　　　）

③ 読んだ場所で，いちばん多かったのはどこですか。（　　　　　）

④ ㋐の数は何を表していますか。（　　　　　）

©くもん出版

まちがえた問題は，もう一度やり直してみよう。

とく点

点

86

表とグラフ ②

 始め
時　分
▼
終わり
時　分

 むずかしさ
★★

月　日　名前

1 下の表は，さとしさんの組で，遠足に行ったときに持ってきたくだものを調べたものです。

〔1問　全部できて10点〕

（○：持ってきた
　×：持ってこなかった）

持ってきたくだもの調べ

番号	みかん	りんご
①	×	○
②	○	○
③	○	×
④	×	×
⑤	○	○
⑥	×	×
⑦	○	×
⑧	○	○
⑨	○	○
⑩	×	○

番号	みかん	りんご
⑪	×	○
⑫	○	○
⑬	○	○
⑭	○	○
⑮	×	○
⑯	○	×
⑰	×	○
⑱	○	○
⑲	×	○
⑳	○	○

番号	みかん	りんご
㉑	○	×
㉒	○	○
㉓	○	○
㉔	○	○
㉕	×	○
㉖	×	×
㉗	○	○
㉘	×	○

① 次の人数をもとめましょう。

みかんもりんごも持ってきた人	13人
みかんは持ってきたが，りんごは持ってこなかった人	
みかんは持ってこなかったが，りんごは持ってきた人	
みかんもりんごも持ってこなかった人	

② 下の表のあいているらんにあてはまる人数を書きましょう。

持ってきたくだもの調べ（人）

		りんご		合計
		持ってきた	持ってこなかった	
み か ん	持ってきた	⑧ 13	ⓘ	
	持ってこなかった			
合　計				

③ ②の表の⑧のらんは，どのような人数を表していますか。（　　　　　　　　　）

④ ②の表のⓘのらんは，どのような人数を表していますか。（　　　　　　　　　）

2 ある遊園地で，ジェットコースターに乗っている人を調べたら，男の人が20人，女の人が15人でした。また，おとなが7人，子どもが28人でした。子どものうち16人が男の子でした。右の表のあいているらんにあてはまる人数を書きましょう。

〔全部できて10点〕

ジェットコースターに乗っている人調べ（人）

	子ども	おとな	合　計
男	16		20
女			15
合　計	28	7	35

3 右の表は，あんなさんの組で，イヌやネコがすきな人ときらいな人を調べたものです。あいているらんにあてはまる人数を書きましょう。　〔全部できて15点〕

動物のすききらい調べ（人）

		イヌ		合　計
		すき	きらい	
ネコ	すき			18
	きらい		5	
合　計		31		40

4 れんさんの組38人で，夏休みに山へ行った人と海へ行った人を調べました。山へ行った人は23人で，海へ行った人は21人でした。また，山と海のどちらにも行った人は8人でした。

山や海へ行った人調べ（人）

		山		合　計
		行った	行かなかった	
海	行った	8		21
	行かなかった			
合　計		23		38

① 上の表のあいているらんにあてはまる人数を書きましょう。

〔全部できて15点〕

② 山と海のどちらにも行かなかった人は何人ですか。
〔10点〕　（　　　　　）

③ 山と海の両方か，どちらかへ行った人は何人ですか。
〔10点〕　（　　　　　）

全部できたかな。まちがえた問題は，もう一度やり直してみよう。

とく点

点

45 表とグラフ ③

月　日　名前

1　ある日の気温は，次の表のように，時こくとともにかわっていました。また，下のグラフは，この表を**折れ線グラフ**に表したものです。　〔1問　6点〕

1日の気温

時こく(時)	午前6	7	8	9	10	11	12	午後1	2	3	4	5	6
気温(度)	13	14	16	17	18	20	21	22	26	25	22	20	20

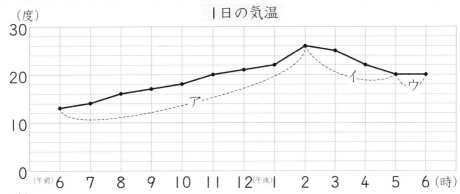

1日の気温

① 折れ線グラフの横のじくは何を表していますか。　（　　　　　）

② 折れ線グラフのたてのじくは何を表していますか。　（　　　　　）

③ たてのじくの1目もりは何度を表していますか。　（　　　　　）

④ 気温がいちばん高かったのは午後何時ですか。　（　　　　　）

⑤ アのところで，気温は上がっていますか，下がっていますか。　（　　　　　）

⑥ イのところで，気温はどのようになっていますか。　（　　　　　）

⑦ ウのところで，気温はどのようになっていますか。　（　　　　　）

2 右下のグラフは，ももかさんの体重を表したものです。 〔1問　7点〕

① 横のじくは何を表していますか。

（　　　　　　）

② たてのじくは何を表していますか。

（　　　　　　）

③ たてのじくの1目もりは何kgですか。

（　　　　　　）

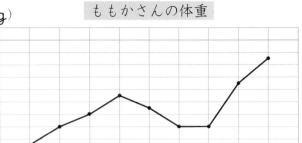

ももかさんの体重

④ 体重のふえ方がいちばん大きかったのは何月と何月の間ですか。

（　　　　　　　　　　　　　　）

3 下のグラフは，ある2けんの農家でとれたメロンのこ数を年ごとに調べて折れ線グラフに表したものです。 〔1問　10点〕

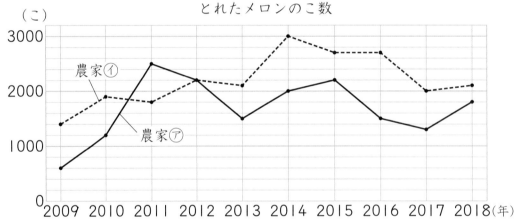

とれたメロンのこ数

① たてのじくの1目もりは何こを表していますか。

（　　　　　　　　　　　　）

② 2010年には，農家⑦と農家④では，どちらのほうが，とれたメロンのこ数が多かったでしょうか。

（　　　　　　　　　　　　）

③ 農家⑦と農家④で，とれたメロンのこ数の差がいちばん大きかったのは何年ですか。また，その差はおよそ何百こですか。

（　　　　　　　　　　　　）

折れ線グラフはかわり方のようすを見るのに使います。いろいろな折れ線グラフを見つけてみよう。

とく点

点

表とグラフ ④

月　日　名前

1 下の表は，ある1日の気温を2時間ごとに調べたものです。これを折れ線グラフに表しましょう。

〔1問　全部できて10点〕

1日の気温

時こく（時）	午前6	8	10	12	午後2	4	6
気　温（度）	16	20	25	28	31	26	22

① 横のじくの目もりの□にあてはまる数を書きましょう。また，（　）にあてはまる単位を書きましょう。

② たてのじくの目もりの□にあてはまる数を書きましょう。また，（　）にあてはまる単位を書きましょう。

③ それぞれの時こくの気温を表すところに点（•）をかき，点を直線でつないで折れ線グラフをしあげましょう。

④ ⑤のらんに表題を書きましょう。

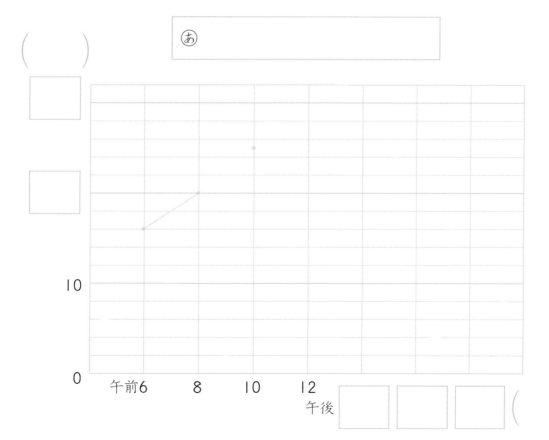

2 右の表は，かいとさんの身長を毎年同じ日に調べたものです。これを折れ線グラフに表しましょう。　〔1問　全部できて12点〕

かいとさんの身長

年れい（オ）	5	6	7	8	9
身　長（cm）	112	115	121	125	130

① 横のじくの目もりの□にあてはまる数を書きましょう。また，（　）にあてはまる単位を書きましょう。

② たてのじくの目もりの□にあてはまる数を書きましょう。また，（　）にあてはまる単位を書きましょう。

③ それぞれの年れいのときの身長を表すところに点をかき，点を直線でつないで折れ線グラフをしあげましょう。

④ ⓐのらんに表題を書きましょう。

⑤ 身長ののび方がいちばん大きかったのは，何才と何才の間ですか。

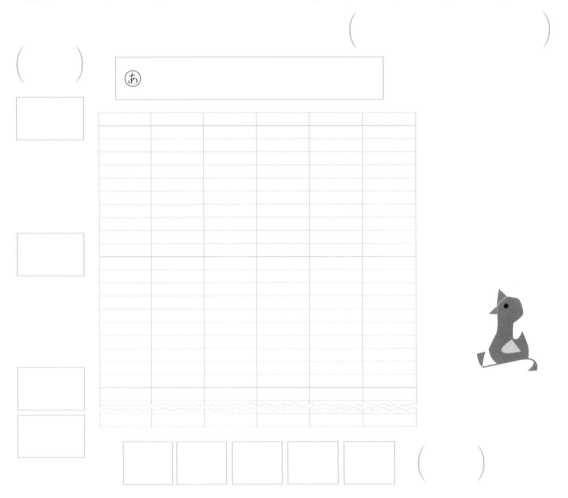

問題のほかにも，いろいろな折れ線グラフをかいてみよう。

とく点　　　点

©くもん出版

表とグラフ ⑤

始め 時 分
終わり 時 分

むずかしさ ★★

月 日 名前

1 下のグラフは，ある市で8月7日から13日までの最高気温を折れ線グラフに，その市にあるプールしせつの入場者数をぼうグラフに表したものです。

〔1問 全部できて10点〕

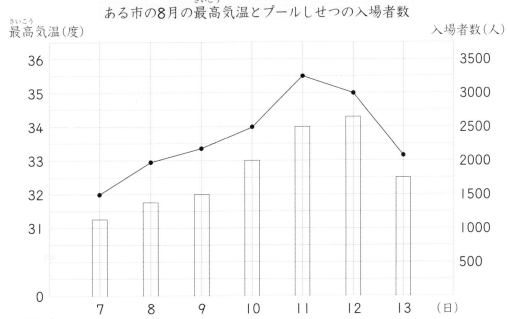

ある市の8月の最高気温とプールしせつの入場者数

① 最高気温がいちばん高かったのは何日ですか。 （ ）

② 入場者数がいちばん少なかったのは何日ですか。 （ ）

③ 10日の最高気温は何度ですか。また，その日の入場者数は何人ですか。

最高気温 （ ） 入場者数 （ ）

④ 最高気温の変わり方がいちばん大きいのは，何日と何日の間ですか。
また，そのときの入場者数は，ふえていますか，へっていますか。

（ ） の間で，入場者数は （ ） います。

② 下のグラフは，ある市場で1年間に取り引きされたレタスの量をぼうグラフに，そのときのレタス1kgのねだんを折れ線グラフに表したものです。

〔1問 全部できて15点〕

ある市場で1年間に取り引きされたレタスの量とレタス1kgのねだん

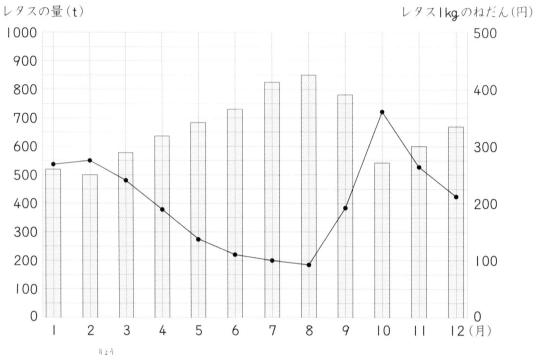

① レタスの量がいちばん多かったのは何月ですか。　　　　　（　　　　　　）

② レタス1kgのねだんがいちばん安かったのは何月ですか。　　　　　（　　　　　　）

③ 2月のレタスの量は何tですか。また，その月のレタス1kgのねだんは何円ですか。

　　　　　　　　　量（　　　　　　）　　ねだん（　　　　　　）

④ レタスの量とレタス1kgのねだんの間には，どのような関係があるといえますか。

（　　　　　　　　　　　　　　　　　　　　　　　　　　）

書き終わったら見直してみよう。次は「しんだんテスト」だよ。
これまでにまちがいの多かったところは，よくふく習しておこう。

とく点　　　　点

48 しんだんテスト ①

始め　時　分
終わり　時　分

月　日　名前

1 次の数を数字で書きましょう。〔1問　5点〕

① 二百二十五億七千八百一万二千九百二十五

(　　　　　　　　)

② 三十五兆六千二百億九千二百万

(　　　　　　　　)

2 次の計算を，千の位までのがい数にしてもとめましょう。〔1問　5点〕

① 18257＋3950

式

答え (　　　　)

② 78234−29640

式

答え (　　　　)

3 □にあてはまる数を書きましょう。〔□1つ　3点〕

① 9.615は1を□つと，0.1を□つと，0.01を□つと，0.001を□つあわせた数です。

② 0.1を2つと，0.01を9つと，0.001を5つあわせた数は□です。

4 次の図で，□の部分の面積をもとめましょう。〔10点〕

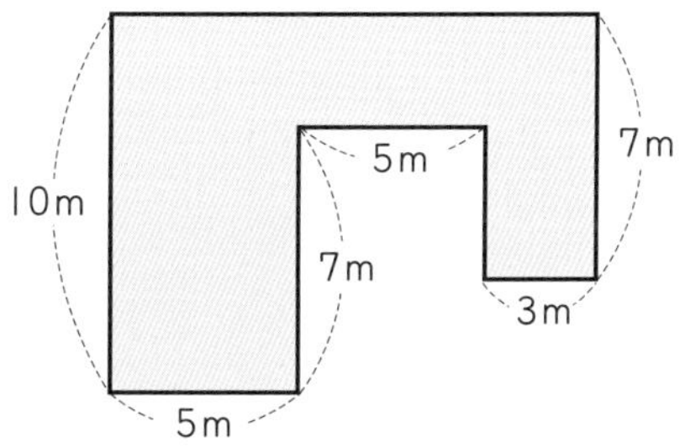

10m
5m
7m
7m
3m
5m

式

答え (　　　　)

5 次の図の, あ, ⓘの角度は何度ですか。　　　　　　　〔1問　10点〕

①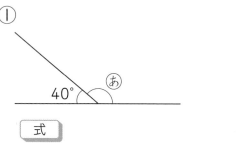
40°　あ

[式]

②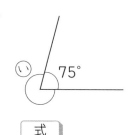
ⓘ　75°

[式]

[答え] (　　　　　　　)　　　　　　[答え] (　　　　　　　)

6 右の直方体について, 次の問題に答えましょう。　〔1問　全部できて10点〕

① 辺カキに垂直な辺はどれですか。全部書きましょう。

(　　　　　　　　　　　　　　　　　　)

② 面アイウエに垂直な面はどれですか。全部書きましょう。

(　　　　　　　　　　　　　　　　　　)

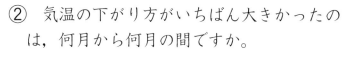

7 右のグラフは, ある場所の1年の気温と井戸水の温度を表したものです。　〔1問　5点〕

① たてのじくの1目もりは何度ですか。

(　　　　　　　　　　)

② 気温の下がり方がいちばん大きかったのは, 何月から何月の間ですか。

(　　　　　　　　　　)

③ 気温が井戸水の温度と同じか, 井戸水の温度よりも高くなるのは, 何月から何月の間ですか。

(　　　　　　　　　　)

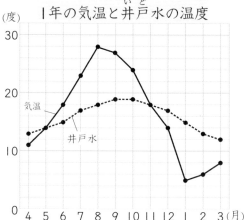

これまでの学習のまとめです。まちがえたところは, よくふく習しておこう。

とく点 　　点

しんだんテスト ②

始め
時　　分
▼
終わり
時　　分

月　　日　名前

1 2800000000を10倍，100倍した数と，10，100でわった数を数字で書きましょう。〔1問　4点〕

① 10倍した数

(　　　　　　　　　　　)

② 100倍した数

(　　　　　　　　　　　)

③ 10でわった数

(　　　　　　　　　　　)

④ 100でわった数

(　　　　　　　　　　　)

2 次の問題に答えましょう。〔1問　4点〕

① 87571を四捨五入して，一万の位までのがい数にしましょう。

(　　　　　　　　　　　)

② 20800を四捨五入して上から2けたのがい数にしましょう。

(　　　　　　　　　　　)

3 □にあてはまる数を書きましょう。〔□1つ　4点〕

① 0.915km＝ [　　　　　] m

② 3.825km＝ [　　] km [　　　　] m＝ [　　　　] m

4 次の2つの分数のうち，大きいほうの分数を書きましょう。〔1問　4点〕

① $\left[\dfrac{5}{5}, \dfrac{3}{5}\right]$ (　　　)

② $\left[\dfrac{4}{9}, \dfrac{4}{7}\right]$ (　　　)

③ $\left[\dfrac{1}{6}, \dfrac{1}{5}\right]$ (　　　)

5 □にあてはまる数を書きましょう。〔1問　4点〕

① 1 m²＝ [　　　　] cm²

② 1 a＝ [　　　　] m²

③ 1 ha＝ [　　　　] m²

④ 1 km²＝ [　　　　] m²

6 下の図は2まいの三角じょうぎを組み合わせたものです。①，②の角度を答えましょう。

〔1問　4点〕

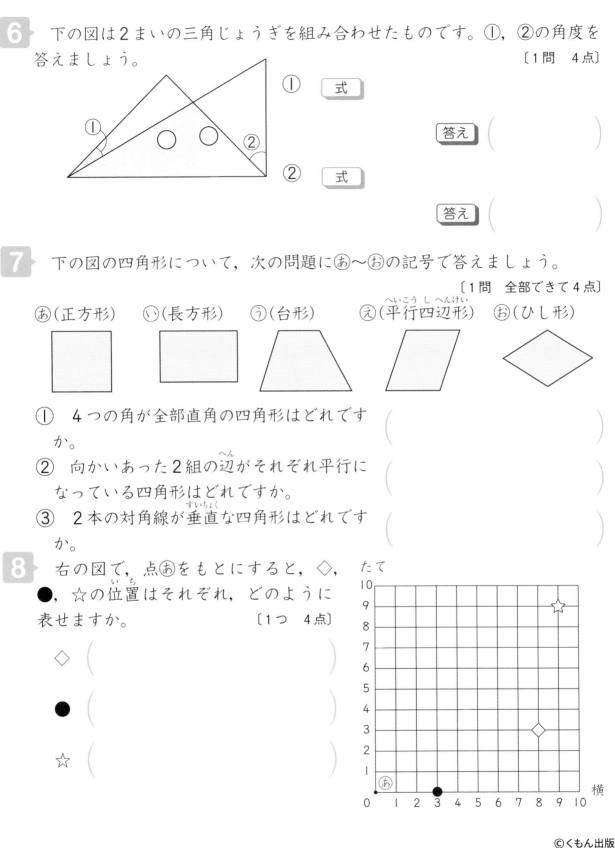

① 式

答え（　　　　　　　　）

② 式

答え（　　　　　　　　）

7 下の図の四角形について，次の問題に㋐〜㋔の記号で答えましょう。

〔1問　全部できて4点〕

㋐（正方形）　　㋑（長方形）　　㋒（台形）　　㋓（平行四辺形）　　㋔（ひし形）

① 4つの角が全部直角の四角形はどれですか。（　　　　　　　）

② 向かいあった2組の辺がそれぞれ平行になっている四角形はどれですか。（　　　　　　　）

③ 2本の対角線が垂直な四角形はどれですか。（　　　　　　　）

8 右の図で，点㋐をもとにすると，◇，●，☆の位置はそれぞれ，どのように表せますか。

〔1つ　4点〕

◇（　　　　　　　　　　）

●（　　　　　　　　　　）

☆（　　　　　　　　　　）

さい後まで，よくがんばったね。まちがえたところは，よくふく習しておこう。

とく点

点

答え

4年生　数・量・図形

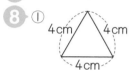 **1**　**3年生のふく習**　①　1・2ページ

1　①六千九百八十三万四千五百二十七
　　②二千八百万　③千八万三十

2　①84180000　②6025000　③420205

3　①$\frac{1}{4}$　②$\frac{3}{4}$　③$\frac{2}{5}$　④$\frac{7}{10}$

4　（左から）0.2，0.8，3.1，4.3

5　①4000　②3，400　③6540　④9080

6　①1kg300g　②250g　③1kg580g

7　①8cm　②4cm　③16cm

8　①　4cm　4cm　4cm（三角形）
　　②　3cm　5cm　4cm（三角形）

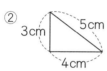 **2**　**3年生のふく習**　②　3・4ページ

1　①（左から）30000，90000，160000，280000
　　②40万，270万，420万，580万

2　①<　②=　③=　④<

3　①6　②65　③9.9　④3.4

4　①2，850　②16000　③6250
　　④1，95　⑤4000　⑥3850

5　①5分40秒　②2分22秒　③10分38秒

6　48cm

7　①2，16台　②5，15人　③10，60cm

3　**大きな数**　①　5・6ページ

1　①⑦0　④3　⑦4　⑤1
　　②⑦百の位　④十万の位　⑦千万の位
　　　⑤十億の位
　　③六十一億七千四百八十三万五百九十二

2　三百五億二千八百五十万四千

3　①485258532　②583030000000

4　①⑦7　④2　⑦5　⑤2
　　②⑦十兆の位　④千億の位　⑦一万の位
　　　⑤千万の位
　　③六十二兆三千五百八十二億千八百七十九
　　万

5　四百五十二兆三千六百七十八億二千万

6　①　823538984267
　　②　22374854200000

ポイント

千万の10倍を一億，千億の10倍を一兆といいます。「億」，「兆」も，右から一，十，百，千の4けたごとになっています。

とき方

1

十億の位	一億の位	千万の位	百万の位	十万の位	一万の位	千の位	百の位	十の位	一の位
6	1	7	4	8	3	0	5	9	2

4　**大きな数**　②　7・8ページ

1　①　58000
　　②　900060000
　　③　300620000
　　④　8003820000
　　⑤　6005201250000
　　⑥　344200080000000
　　⑦　2392318421000000

⑧　70730020000000

⑨　20003005200000

2 ①100億…5つ，10億…6つ，1億…0

②560　③56

3 ①1000兆…7つ，100兆…5つ，

　　10兆…8つ，1兆…0

②7580　③758

4 ①52000000　　②520000

③5200

9・10 ページ

5 大きな数 ③

1 ①（左から）3000万，6000万，1億5000万

②30億，60億，150億

③3000億，6000億，1兆5000億

2 ① ⑨650000000　7650000000　⑥850000000　998000000

② ⑧700000000　8550000000　8490000000　⑧800000000

③ 8640000000　⑧660000000　⑧630000000　869000000

④ ⑧650010000　8649990000　⑧660050000　8605000000

3 ①＜　②＜　③＞　④＞　⑤＞　⑥＞

4 ①（左から）１，３，２　②２，３，１

③２，１，３　④３，２，１

⑤３，２，１

6 大きな数 ④

11・12 ページ

1 ①10倍した数　　　1000000000

　　100倍した数　　10000000000

②10でわった数　　　10000000

　　100でわった数　　　1000000

③10倍した数　　　3200000000

　　100倍した数　　32000000000

④10でわった数　　　32000000

　　100でわった数　　　3200000

⑤10倍した数　　48000000000

　　10でわった数　　480000000

2 ①300億　②4000億　③700兆

④50兆

3 ①３億　②40億　③７兆

④5000億

4 ①30億　②3000万　③900兆

④９兆

5 ①10倍　②100倍

③10でわったもの　④100でわったもの

6 ①1000100000

②100000050000000

ポイント

整数を10倍すると位が１つ上がり，100倍すると位が２つ上がります。また，10でわると位が１つ下がり，100でわると位が２つ下がります。

・・・・・・・・・・・・・・・・・・・・・・・・・・

とき方

3 ④

一兆	千億	百億	十億	一億
5	0	0	0	0
	5	0	0	0

7 がい数 ①

13・14 ページ

1 ①およそ35000　②およそ42000

2 ①4000　②8000(8280)

③26000(26375)　④48000(47620)

⑤51000(50712)　⑥72000(72040)

⑦654000(654023)

⑧1000000(999540)

3 ①1500000　②2700000

③400000　④5200000

4 ①4000　②35000　③89000

④199000

5 ①250000　②360000　③490000
　④580000

6 ①53000　②52000　③61000
　④830000

ポイント

ある位までのがい数にするには，そのすぐ下の位の数字を四捨五入します。

とき方

2 ①　百の位の数字が5なので，切り上げて4000とします。

5 　千の位を四捨五入します。

8　がい数　②
15・16 ページ

1 ①0，1，2，3，4
　②5，6，7，8，9

2 ①0，1，2，3，4
　②5，6，7，8，9

3 　5940，(6027)，(5985)，6080，(6049)，(5950)，5949

4 ①85，86，87，88，89，90，91，92，93，94
　②95，96，97，98，99，100，101，
　　102，103，104
　③1255，1256，1257，1258，1259
　　1260，1261，1262，1263，1264

5 ①1650（から）1749（まで）
　②2950（から）3049（まで）
　③48500（から）49499（まで）
　④59500（から）60499（まで）
　⑤525000（から）534999（まで）

6 ①885（から）894（まで）
　②4250（から）4349（まで）
　③9050（から）9149（まで）
　④14500（から）15499（まで）

⑤71500（から）72499（まで）

7 ①55499　②54500

とき方

5 ①

1700になるはんい

数直線から，1700になる整数のはんいは，いちばん小さい数が1650で，いちばん大きい数は1749です。

9　がい数　③
17・18 ページ

1 ①765　②630　③280　④319

2 ①390，415
　②360，363，378
　③360，363，378，380

3 　440，443，(445)，(451)，(453)，457，459

4 ①500　　　　②830，940
　③730　　　　④135，145
　⑤255，264

10　がい数　④
19・20 ページ

1 ①1240+3568
　　1200+3600=4800
　②2087+326
　　2100+300=2400
　③3472+8735
　　3500+8700=12200
　④452+8117
　　500+8100=8600
　⑤8608−6594
　　8600−6600=2000
　⑥7721−954
　　7700−1000=6700

② ①34326+25587

  34000+26000=60000

②18752+3624

  19000+4000=23000

③75819+36490

  76000+36000=112000

④5921+86418

  6000+86000=92000

⑤98107−76805

  98000−77000=21000

⑥88505−9104

  89000−9000=80000

③ ①62543+36875

  60000+40000=100000

②49803+222675

  50000+220000=270000

③96873−50032

  100000−50000=50000

④572156−431890

  570000−430000=140000

④ ①510×38　500×40=20000

②182×51　200×50=10000

③397×42　400×40=16000

④723×68　700×70=49000

⑤280×83　300×80=24000

⑥463×89　500×90=45000

⑦610×580　600×600=360000

⑧276×315　300×300=90000

⑤ ①723÷13　700÷10=70

②945÷28　900÷30=30

③4851÷176　5000÷200=25

④1746÷119　2000÷100=20

⑤2809÷629　3000÷600=5

⑥8180÷490　8000÷500=16

⑦6320÷482　6000÷500=12

⑧3291÷180　3000÷200=15

11 小 数 ①　　21・22 ページ

① ①7つ　②9つ　③2つ　④5つ

⑤10　⑥11

② ①4つ　②8つ　③2つ　④3つ

⑤10　⑥11

③ ①6つ　②5つ　③2つ　④3つ

⑤8つ　⑥10

④ ①8倍　②5倍　③10倍

⑤ ①7倍　②9倍　③10倍

⑥ ①3，5，1，2　②2，7，5

③4，3，1　④5，0，8

⑦ ①2.354　②0.861　③0.702

12 小 数 ②　　23・24 ページ

① ①(左から)0.01，0.08，0.21，0.29

②0.001，0.007，0.012，0.022

② ① 〔 (0.13)　　0.103 〕

② 〔 0.09　　(0.19) 〕

③ 〔 3.24　　(3.42) 〕

④ 〔 7.003　　(7.203) 〕

③ ①3.45　②4.229　③2.15　④8.327

④ ①1.11，1.04，1.001

②9.111，9.11，9.01，9.001

⑤ ①100　②55　③65　④38

⑤70　⑥5　⑦3　⑧1

⑥ ①0.15　②0.39　③0.64

④0.17　⑤0.04　⑥0.01

⑦ 〔①165　〔③108　〔⑤1.75

〔②1，65　〔④1，8　〔⑥1，75

〔⑦1.04　〔⑨215　〔⑪105

〔⑧1，4　〔⑩2.15　〔⑫1.05

13 小 数 ③ 25・26 ページ

1 ①1000 ②340 ③157 ④905
⑤25 ⑥8

2 ①0.56 ②0.812 ③0.54
④0.706 ⑤0.038 ⑥0.003

3 ⎡①1810 ⎡③2361 ⎡⑤2.31
⎣②1，810 ⎣④2，361 ⎣⑥2，310

⎡⑦1.306 ⎡⑨3158 ⎡⑪2049
⎣⑧1，306 ⎣⑩3.158 ⎣⑫2.049

4 ①1000 ②681 ③92
④2 ⑤0.517 ⑥0.606

5 ①0.1 ②0.3 ③7
④0.001 ⑤0.004 ⑥50

6 ①1000 ②620 ③309 ④6
⑤0.729 ⑥0.44

⎡⑦1430 ⎡⑨2672 ⎡⑪1.815
⎣⑧1，430 ⎣⑩2，672 ⎣⑫1，815

⎡⑬3506
⎣⑭3.506

14 小 数 ④ 27・28 ページ

1 ①8.31 ②0.831 ③1.25 ④0.125
⑤4.69 ⑥0.469 ⑦7.04 ⑧0.704
⑨9.03 ⑩0.903

2 ①8.31 ②83.1 ③4.69 ④46.9
⑤7.04 ⑥70.4 ⑦12.5 ⑧125
⑨90.3 ⑩903

3 ①83.1 ②831 ③12.5 ④125
⑤46.9 ⑥469 ⑦70.4 ⑧704
⑨90.3 ⑩903

4 ①0.374 ②80.6 ③22.2 ④7.29
⑤103 ⑥562 ⑦0.401 ⑧211
⑨60.6 ⑩94.3

ポイント

小数も整数と同じように，10倍すると位が1つ上がります。また，$\frac{1}{10}$にすると位が1つ下がります。

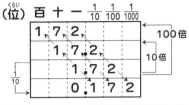

15 分 数 ① 29・30 ページ

1 ①$\frac{4}{3}$dL＝1$\frac{1}{3}$dL ②$\frac{7}{4}$dL＝1$\frac{3}{4}$dL
③$\frac{9}{4}$dL＝2$\frac{1}{4}$dL ④$\frac{13}{5}$dL＝2$\frac{3}{5}$dL

2 ①$\frac{5}{4}$m＝1$\frac{1}{4}$m ②$\frac{7}{6}$m＝1$\frac{1}{6}$m
③$\frac{11}{5}$m＝2$\frac{1}{5}$m

3 (真分数)$\frac{6}{11}$，$\frac{13}{18}$，$\frac{20}{23}$
(仮分数)$\frac{7}{6}$，$\frac{15}{15}$，$\frac{23}{18}$
(帯分数)1$\frac{2}{3}$，3$\frac{15}{17}$，4$\frac{13}{25}$

4 ①(左から)$\frac{2}{6}$，$\frac{5}{6}$，$\frac{7}{6}$，$\frac{11}{6}$
②(左から)$\frac{6}{7}$，$\frac{11}{7}$，$\frac{15}{7}$，$\frac{19}{7}$

16 分 数 ② 31・32 ページ

1 (左から)$\frac{3}{6}$，1$\frac{2}{6}$，1$\frac{4}{6}$，2$\frac{1}{6}$，2$\frac{5}{6}$

2 ①$\frac{6}{5}$，1$\frac{1}{5}$ ②$\frac{11}{7}$，1$\frac{4}{7}$
③7 ④5

3 ① $\frac{4}{5}$ ○—○ $\frac{6}{5}$ ② $\frac{9}{7}$ ○—○ $\frac{8}{7}$
（ ） （○） （○） （ ）

③ 1$\frac{1}{4}$ ○—○ $\frac{3}{4}$ ④ 1$\frac{2}{9}$ ○—○ 1$\frac{7}{9}$
（○） （ ） （ ） （○）

4　①$1\frac{1}{3}$　②$1\frac{2}{5}$　③$1$　④$2\frac{1}{3}$

　　⑤$2$　　⑥$1\frac{5}{6}$　⑦$1\frac{3}{8}$　⑧$1\frac{5}{7}$

　　⑨$2\frac{1}{4}$

5　①$\frac{5}{4}$　②$\frac{4}{3}$　③$\frac{7}{5}$　④$\frac{9}{7}$

　　⑤$\frac{9}{4}$　⑥$\frac{8}{3}$

6　①$\frac{9}{5}$，$1\frac{2}{5}$，$\frac{6}{5}$，$\frac{3}{5}$

　　②$1\frac{4}{9}$，$\frac{11}{9}$，$1\frac{1}{9}$，$\frac{7}{9}$

17　分　数　③
33・34 ページ

1　①$\frac{2}{3}$　⑦（左から）$\frac{2}{4}$，$\frac{3}{4}$　㋓$\frac{2}{5}$

　　㋔$\frac{2}{6}$，$\frac{4}{6}$　㋕$\frac{1}{7}$，$\frac{4}{7}$，$\frac{6}{7}$　㋖$\frac{2}{8}$，$\frac{6}{8}$

　　㋗$\frac{3}{9}$，$\frac{6}{9}$　㋘$\frac{4}{10}$，$\frac{9}{10}$

2　①$\frac{2}{4}$，$\frac{3}{6}$，$\frac{4}{8}$，$\frac{5}{10}$

　　②$\frac{2}{6}$，$\frac{3}{9}$

3　①$\frac{3}{4}$　②$\frac{7}{9}$　③$\frac{1}{3}$　④$\frac{1}{5}$　⑤$\frac{2}{3}$　⑥$\frac{3}{4}$

　　⑦$\frac{7}{8}$　⑧$\frac{4}{5}$

4　①$\frac{8}{9}$，$\frac{7}{9}$，$\frac{4}{9}$，$\frac{2}{9}$

　　②$\frac{5}{6}$，$\frac{5}{7}$，$\frac{5}{8}$，$\frac{5}{9}$

　　③$\frac{6}{5}$，$\frac{6}{7}$，$\frac{6}{8}$，$\frac{6}{11}$

18　面　積　①
35・36 ページ

1　①㋐8つ分　㋑4つ分　㋒4つ分　②㋐

2　①$1$cm²　②$2$cm²　③$2$cm²　④$3$cm²

　　⑤$3$cm²　⑥$4$cm²

3　①$1$cm²　②$3$cm²　③$4$cm²　④$6$cm²

　　⑤$9$cm²　⑥$4$cm²　⑦$8$cm²　⑧$6$cm²

　　⑨$16$cm²

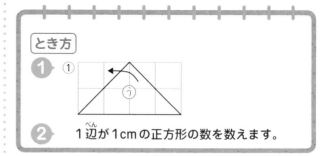

とき方

❶　①

❷　1辺が1cmの正方形の数を数えます。

19　面　積　②
37・38 ページ

1　①$2×3＝6$　　　答え　6 cm²

　　②$5×5＝25$　　答え　25cm²

　　③$4×5＝20$　　答え　20cm²

　　④$7×7＝49$　　答え　49cm²

　　⑤$3×9＝27$　　答え　27cm²

　　⑥$10×6＝60$　答え　60cm²

2　①$2×3＝6$　　　答え　6 m²

　　②$4×5＝20$　　答え　20m²

　　③$4×4＝16$　　答え　16m²

　　④$8×3＝24$　　答え　24m²

　　⑤$7×7＝49$　　答え　49m²

　　⑥$6×10＝60$　答え　60m²

　　⑦$5×12＝60$　答え　60m²

　　⑧$15×8＝120$　答え　120m²

20　面　積　③
39・40 ページ

1　①$4×5＝20$　　　答え　20km²

　　②$6×6＝36$　　　答え　36km²

　　③$7×8＝56$　　　答え　56km²

　　④$9×9＝81$　　　答え　81km²

　　⑤$3×14＝42$　　答え　42km²

　　⑥$5×12＝60$　　答え　60km²

2　①$2×6＝12$，$1×2＝2$，$12＋2＝14$

　　　　　　　　　答え　14cm²

　　②$2×(3＋2＋4)＝18$，$3×2＝6$，

　　　$18＋6＝24$　答え　24m²

③ 4×(3＋2＋2)＝28, 3×2＝6,
28－6＝22　　答え　22cm²

④ 5×8＝40, 2×4＝8, 40－8＝32
答え　32m²

⑤ 15×15＝225, 6×6＝36,
225－36＝189　　答え　189m²

とき方

2　長方形や正方形の形をもとにして考えます。
① ㋐の長方形と㋑の長方形に分けて考え
ます。
㋐…2×6＝12
㋑…1×2＝2
㋐＋㋑…12＋2＝14
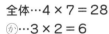
③ 全体から㋕の長方形
をひきます。
全体…4×7＝28
㋕…3×2＝6
全体－㋕…28－6＝22
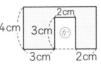

21 面積 ④
41・42 ページ

1　① 1m＝100cm, 40×100＝4000
答え　4000cm²

② 1m50cm＝150cm, 150×60＝9000
答え　9000cm²

2　① 100×100＝10000　答え　10000cm²
② 100cm＝1m, 1×1＝1
答え　1m²
③ 200×200＝40000　答え　40000cm²
④ 200cm＝2m, 2×2＝4
答え　4m²

3　① 2m＝200cm, 50×200＝10000
10000cm²＝1m²　答え　1m²
② 5m＝500cm, 2m40cm＝240cm
500×240＝120000,
120000cm²＝12m²　答え　12m²

4　1km＝1000m,
300×1000＝300000
答え　300000m²

5　① 1000×1000＝1000000
答え　1000000m²
② 1000m＝1km, 1×1＝1
答え　1km²
③ 2000×2000＝4000000
答え　4000000m²
④ 2000m＝2km, 2×2＝4
答え　4km²

22 面積 ⑤
43・44 ページ

1　① 100　② 200　③ 900　④ 1000
⑤ 2300　⑥ 1　⑦ 2　⑧ 5　⑨ 30　⑩ 28

2　① 40×50＝2000, 2000m²＝20a
答え　20a
② 60×60＝3600, 3600m²＝36a
答え　36a

3　① 10000　② 20000　③ 60000
④ 90000　⑤ 200000　⑥ 330000
⑦ 1　⑧ 2　⑨ 8
⑩ 5　⑪ 30　⑫ 42

4　① 500×300＝150000, 150000m²＝15ha
答え　15ha
② 800×800＝640000, 640000m²＝64ha
答え　64ha

23 単位の関係
45・46 ページ

1　① cm²　② m²　③ a　④ ha　⑤ km²
2　① ㋐ 1m²　㋑ 10m　㋒ 100m
② 100倍
3　① 10　② 100　③ 100

4 ①10000 ②1 ③100 ④1

　　⑤10000 ⑥1 ⑦100 ⑧1

　　⑨1000000 ⑩1 ⑪100 ⑫1

　　⑬10000 ⑭1

24 三角形と角 ①　　47・48 ページ

1 ①1°　②5°　③30°　④50°　⑤65°

　　⑥83°　⑦120°　⑧40°

2 ①70°　②40°　③150°　④140°　⑤55°

　　⑥145°　⑦84°　⑧48°　⑨126°　⑩163°

25 三角形と角 ②　　49・50 ページ

1 　い，え，か

2 ①180−50=130　　答え 130°

　　②180−65=115　　答え 115°

　　③180−126=54　　答え 54°

3 ①360−40=320　　答え 320°

　　②360−75=285　　答え 285°

　　③360−143=217　　答え 217°

4 ①360−60=300　　答え 300°

　　②360−90=270　　答え 270°

　　③360−138=222　　答え 222°

　　④360−149=211　　答え 211°

　　⑤180−20=160　　答え 160°

　　⑥180−45=135　　答え 135°

26 三角形と角 ③　　51・52 ページ

1 ①360−90=270　　答え 270°

　　②360−150=210　　答え 210°

　　③360−140=220　　答え 220°

　　④180−20=160　　答え 160°

2 ①180−80=100　　答え 100°

　　②180−80=100　　答え 100°

　　③180−100=80　　答え 80°

---

　　④180−115=65　　　答え 65°

3 ①あ40°　　　　い140°

　　　う40°　　　　え140°

　　②う　　　　　③え

4 ①あ180−70=110　　答え 110°

　　　い180−110=70　　答え 70°

　　　う180−70=110　　答え 110°

　　②う

5 ①180−(60+30)=90　　答え 90°

　　②360÷8=45　　　　答え 45°

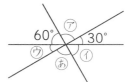

とき方

5 ① 下の図の㋐，㋑，㋒の角度は，次のようにしてもとめられます。

　　㋐…180−(60+30)=90より，90°
　　㋑…180−(90+30)=60より，60°
　　㋒…180−(90+60)=30より，30°

27 三角形と角 ④　　53・54 ページ

1 ①　　　　　　　　②

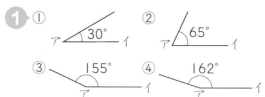

2 ①　　　　　　　　②

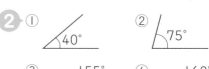

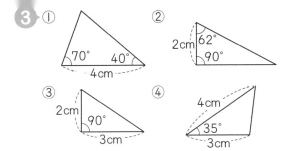

3 ① ②

② 2cm 62° 90°

③ 2cm 90° 3cm ④ 4cm 35° 3cm

---

28 三角じょうぎの角 ① 55・56 ページ

1 ①45°　②90°　③45°
④60°　⑤90°　⑥30°

2 ①あ，う，え
②い，お，か

3 ①90°　②30°　③60°
④45°

4 ①30＋45＝75　[答え] 75°
②90＋45＝135　[答え] 135°

5 ①90＋30＝120　[答え] 120°
②45＋180＝225　[答え] 225°

---

29 三角じょうぎの角 ② 57・58 ページ

1 ①90−45＝45　[答え] 45°
②45−30＝15　[答え] 15°

2 あ60−45＝15　[答え] 15°
い180−45＝135　[答え] 135°
う90−（25＋60）＝5　[答え] 5°
え90−（20＋45）＝25　[答え] 25°

3 ①45＋30＝75　[答え] 75°
②180−（45＋60）＝75　[答え] 75°
③180−45＝135　[答え] 135°
④90−60＝30　[答え] 30°
⑤45＋60＝105　[答え] 105°
⑥180−45＝135　[答え] 135°

---

30 垂直と平行 ① 59・60 ページ

1 あ，え　**2** い，う

3 カ，ク，コ

4 アとウ，イとオ

5 アとオ，イとエ，ウとカ

[とき方]

2 うのように，一方の直線をのばすと交わって，直角ができるときも，2本の直線は垂直であるといいます。

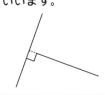

---

31 垂直と平行 ② 61・62 ページ

1 ①い，う　②お，か　③く，け

2 あとうとおとき，いとえとかとく

3 ①5cm　②70°
③180−70＝110　[答え] 110°
④70＋110＝180　[答え] 180°

4 ①うとお
②180−120＝60　[答え] 60°
③えとか
④60＋120＝180　[答え] 180°

5 ①あ，え，お，か
②180−65＝115　[答え] 115°
③う

6 ①あ　い　う
ア　エ　カ　ケ　サ　ス
イ　ウ　キ　ク　シ

②（長方形）辺アイと辺エウ，辺アエと辺イウ
（正方形）辺カキと辺ケク，辺カケと辺キク
※辺の答え方で，たとえば辺エウを辺ウエと答えても正解です。

ポイント

平行な直線は，ほかの
直線と等しい角度で交
わります。

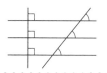

- -

とき方

3 ① 平行な２本の直線のはばは，どこも等
しくなっています。

② 直線ア，イは平行なので，⑤の角度は
⑧の角度と同じです。

③ ⑤＋◌は180°なので，◌の角度は，
180−70＝110で，110°です。

---

32 垂直と平行 ③

1 ①　　　②

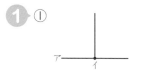

③　　　④

（①，②は反対がわに線をひいてもまちがい
ではありません。）

2

3 ①　　　②

4 ①　　　②

5 ①　　　②

---

33 四角形 ①

1 ①辺アエと辺イウ　②辺アイと辺エウ
③辺アエと辺イウ　④辺アイと辺エウ

2 ◌，⑧

3

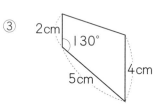

---

34 四角形 ②

1 ①辺アエと辺イウ，辺アイと辺エウ
②辺アエと辺イウ，辺アイと辺エウ

2 ②，⑧

3 ①6cm　②4cm　③60°　④120°

4 ①8cm　②6cm　③70°　④110°

5 ①　　　②

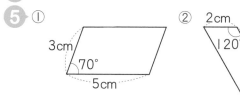

---

35 四角形 ③

1 ⑤，⑧

2 ①（辺イウ）8cm，（辺ウエ）8cm，
（辺エア）8cm
②辺エウ　③辺アエ　④120°　⑤60°

3 ①　　　②

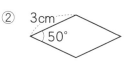

4 ①⑧，◌，②，⑧　②⑧，◌
③⑧，◌，②，⑧　④⑧，⑧

36 四角形 ④

1

2 ①あ，い　②あ，い，え，お　③あ，お

3 ①平行四辺形　②長方形　　③正方形

4 ①6cm　　②12cm　　③5cm

5 ①直角三角形　②二等辺三角形

③直角三角形〔二等辺三角形，直角二等辺三角形〕

6

> **とき方**
> **4** 平行四辺形の2本の対角線は，それぞれの真ん中の点で交わります。
> ② 6cm＋6cm＝12cm
> ③ 10cm÷2＝5cm

37 直方体と立方体 ①

1 ①（直方体）い，え　②（立方体）か

2

	直方体	立方体
面 の 数	6	6
辺 の 数	12	12
頂点の数	8	8

3 ①辺エウと辺クキと辺オカ

②辺イウと辺カキと辺オク

③辺イカと辺ウキと辺エク

④2つ　　⑤2つ　　⑥2つ

4 ①辺エウ，辺クキ，辺オカ，辺イカ，辺ウキ，辺エク，辺アオ，辺アエ，辺イウ，辺カキ，辺オク

②6つ

38 直方体と立方体 ②

1 ①辺アエと辺アオ

②辺イアと辺イウと辺カオと辺カキ

③辺エウと辺クキと辺オカ

④辺アエと辺オクと辺カキ

2 ①辺アオと辺イカと辺ウキと辺エク

②辺アイと辺オカと辺クキと辺エウ

3 ①面アオカイと面イカキウと面ウキクエと面エクオア

②面アイウエと面イカキウと面オカキクと面アオクエ

③面アイウエと面アイカオと面オカキクと面エウキク

※面を答えるときは，1つの点からじゅんに記号で答えます。たとえば，面アイカオは，面イカオア，面アオカイなども正解です。

4 ①面エクキウ　　②面アオクエ

5 ①辺エクと辺クキと辺キウと辺ウエ

②辺アオと辺オクと辺クエと辺エア

> **とき方**
> **1** ① 辺アイに垂直な辺は，辺アエ，辺アオ，辺イウ，辺イカです。このうち頂点アを通るのは辺アエと辺アオです。
> **3** 1つの面に垂直な面は，その面ととなりあった4つの面です。
> **4** 向かいあった2つの面は平行です。

39 直方体と立方体 ③

1
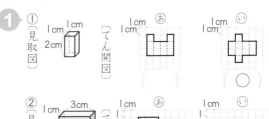
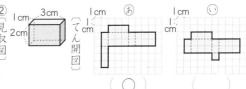

2 ①い，う　②あ，お

③ ①12cm　②5cm　③8cm　④辺ケク

⑤辺エウ　⑥辺キカ　⑦点オ　⑧点セ

⑨点ケと点サ　⑩面オエキカ

⑪面アセウイ，面スコキエ，面サコスシ，

面オエキカ

40 直方体と立方体　④　79・80ページ

①
①〈答えのれい〉

②〈答えのれい〉

③〈答えのれい〉
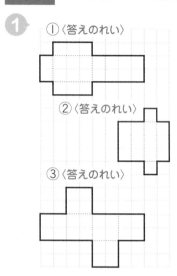

②
①〈答えのれい1〉　　〈答えのれい2〉
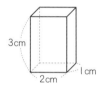

②〈答えのれい1〉　　〈答えのれい2〉
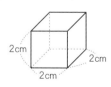

③
〈答えのれい〉

〔見取図〕　　〔てん開図〕

41 ものの位置の表し方　①　81・82ページ

① ⑧横2m，たて1m　⑩横1m，たて4m

⑤横4m，たて4m　⑳横5m，たて6m

⑭横7m，たて2m　⑭横5m，たて8m

⑮横8m，たて6m　⑰横3m，たて6m

⑭横5m，たて0m　⑭横0m，たて8m

② ①東500m　北400m

②東700m　北200m

③東200m　北300m

④東0m　北300m

⑤東300m　北0m

③ ①◇横2，たて8　●横5，たて5

☆横8，たて0

②
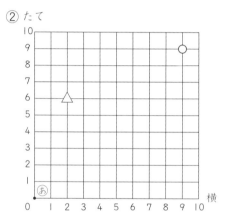

42 ものの位置の表し方　②　83・84ページ

① ⑧横1m，たて2m，高さ3m

⑩横3m，たて2m，高さ4m

⑤横4m，たて3m，高さ2m

⑳横2m，たて0m，高さ1m

⑭横0m，たて6m，高さ5m

⑭横8m，たて4m，高さ6m

⑮横5m，たて1m，高さ1m

② ①横0，たて0，高さ1

②横1，たて1，高さ4

③横4，たて2，高さ1

④横5，たて3，高さ4

⑤横3，たて2，高さ3

⑥横2，たて5，高さ2

3 ①横0cm，たて0cm，高さ4cm

②横8cm，たて0cm，高さ4cm

③横8cm，たて5cm，高さ4cm

④横0cm，たて5cm，高さ4cm

⑤横8cm，たて0cm，高さ0cm

⑥横8cm，たて5cm，高さ0cm

⑦横0cm，たて5cm，高さ0cm

43 表とグラフ ①

85・86 ページ

1

	四角形	三角形	円	合計
白	4	5	2	11
黒	3	2	2	7
合計	7	7	4	18

2

ぼうし，かばん調べ（人）

	かばんを持っている	かばんを持っていない	合 計
ぼうしをかぶっている	5	9	14
ぼうしをかぶっていない	10	6	16
合 計	15	15	30

3 ①

読んだものと場所（人）

	自分の家	学 校	図書館	友だちの家	公 園	合 計
まんが	1	0	2	2	2	7
物 語	2	3	1	2	0	8
図かん	0	2	2	1	0	5
童 話	0	1	1	1	1	4
ざっし	4	2	0	1	0	7
合 計	7	8	6	7	3	31

②物語 ③学校 ④みおさんの組の人数

44 表とグラフ ②

87・88 ページ

1 ①

みかんもりんごも持ってきた人	13人
みかんは持ってきたが，りんごは持ってこなかった人	3人
みかんは持ってこなかったが，りんごは持ってきた人	8人
みかんもりんごも持ってこなかった人	4人

②

持ってきたくだもの調べ（人）

		りんご 持ってきた	りんご 持ってこなかった	合計
み か ん	持ってきた	13	3	16
み か ん	持ってこなかった	8	4	12
合 計		21	7	28

③みかんもりんごも持ってきた人の数

④みかんは持ってきたが，りんごは持って

こなかった人の数

2 ジェットコースターに乗っている人調べ（人）

	子ども	おとな	合 計
男	16	4	20
女	12	3	15
合 計	28	7	35

3 動物のすききらい調べ（人）

		イヌ すき	イヌ きらい	合 計
ネ コ	すき	14	4	18
ネ コ	きらい	17	5	22
合 計		31	9	40

4 ①

山や海へ行った人調べ（人）

		山 行った	山 行かなかった	合 計
海	行った	8	13	21
海	行かなかった	15	2	17
合 計		23	15	38

②2人 ③36人（15＋13＋8＝36，または

38－2＝36）

45 表とグラフ ③

89・90 ページ

1 ①時こく ②気温 ③2度 ④午後2時

⑤上がっている。 ⑥下がっている。

⑦かわっていない。

2 ①月　　　②体重

③１kg　　　④１０月と１１月の間

3 ①２００こ　　　②農家⑦

③２０１６年で，およそ１２００こ

46 表とグラフ ④

91・92 ページ

1 ①～④
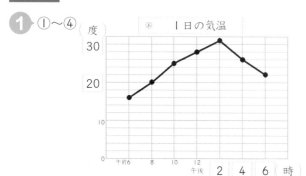

2 ①～④
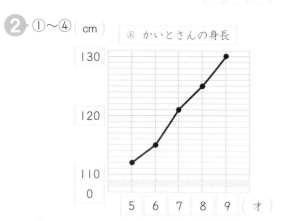

⑤６才と７才の間

47 表とグラフ ⑤

93・94 ページ

1 ①１１日　②７日

③最高気温　34度，入場者数　2000人

④１２日と１３日（の間で，入場者数は）へっ
て（います。）

2 ①８月　②８月

③量　500t，ねだん　275円

④〈答えのれい1〉レタスの量がふえると，レ
タスのねだんは下がる。

〈答えのれい2〉レタスの量がへると，レタ
スのねだんは上がる。

48 しんだんテスト ①

95・96 ページ

1 ①22578012925

②35620092000000

2 ①18257＋3950

18000＋4000＝22000　答え 22000

②78234－29640

78000－30000＝48000　答え 48000

3 ①9，6，1，5　②0.295

4 10×5＝50，（10－7）×5＝15

7×3＝21，50＋15＋21＝86

答え 86m²

5 ①あ180－40＝140　答え 140°

②い360－75＝285　答え 285°

6 ①辺イカと辺オカと辺ウキと辺クキ

②面イカキウと面ウキクエと面アオクエと
面アオカイ

7 ①2度　②12月から1月の間

③5月から11月の間

49 しんだんテスト ②

97・98 ページ

1 ①28000000000　②280000000000

③280000000　④28000000

2 ①90000　②21000

3 ①915　②3，825，3825

4 ①$\frac{5}{5}$　②$\frac{4}{7}$　③$\frac{1}{5}$

5 ①10000　②100　③10000　④1000000

6 ①45－30＝15　答え 15°

②90－45＝45　答え 45°

7 ①あ，い　②あ，い，え，お

③あ，お

8 ◇横8，たて3

●横3，たて0

☆横9，たて9

4年生　数・量・図形

112